rororo

Die Autorin

Dietlinde Karkutli war in erster Ehe mit einem syrischen Künstler verheiratet und kannte den Bauchtanz daher aus eigener Anschauung. Sie leitete zahlreiche Bauchtanz-Kurse in Frankfurt und gilt als Vorreiterin des Bauchtanzes in Deutschland.

Dietlinde Karkutli

Das Bauchtanz-Buch

Rowohlt Taschenbuch Verlag

Für ihre fachkundige Hilfe bei der Neuauflage danken wir herzlich Inge Sobotke (Shalimar) und Katja Meyer (Farasha).

Vollständig überarbeitete Neuausgabe · Veröffentlicht im Rowohlt Taschenbuch Verlag GmbH, Reinbek bei Hamburg, April 2002 · Umschlaggestaltung: Britta Lembke · Fotos: Horst Lichte · Typografie: Farnschläder & Mahlstedt/Indra Kupferschmid, Hamburg · Gesamtherstellung: Clausen & Bosse, Leck · Printed in Germany · ISBN 3 499 61328 x

Die Schreibweise entspricht den Regeln der neuen Rechtschreibung.

Inhalt

III. Grundbewegungen mit der Hüfte 121

Arabische Tänzerin. Übersetzung des oberen Spruchbandes: «In deinen Hüften wiegen sich die Sterne der Welt.» Tusche-Zeichnung von Burhan Karkutli, 1983

Auf zu kreisen hörte die Erde, steif wurden die Menschen
Und erfroren wie die Gewässer der Meere,
Tränen der Freude fielen nicht mehr vom Himmel,
Die Tage ähnelten stehen gebliebenen Uhren
Und ihre Bestimmung verloren
die zur Fruchtbarkeit erkorenen Becken.

Da wehte von Osten her ein Wind
Schwer und vollgesogen vom Duft des Jasminstrauchs.
Er wirbelte und fächelte und tanzte um uns herum ...
Oh, du Jasminblüte und deine erdhafte Harmonie -
deine Hüften kreisen und es vibrieren deine Schultern
Und deine Hände erinnern an die Flügel von Vögeln -
Die erfrorenen Sterne
und die erstorbene Sonne umringen dich,
Um deine Bewegung zu bewundern.

Tanze und drehe dich - von einem Stern zum andern -
Von meinen Augäpfeln bis hin zur Sonne.
Der Nabel deines mit Blumen umkränzten Bauches
ist das Zentrum des Universums.
Bei jeder Drehung fliegen Blütenblätter ins All
Und verwandeln sich in Kinder,
Deren jauchzende Schreie den Himmel erfüllen.

Trunken um deinen Bauch gaukeln die Sterne,
Der Mond lacht und tanzt auf den Bergen
Und deine Haare wehen im würzigen Wind.
Das Herz der Welt beginnt wieder zu schlagen;
Denn die von deiner Stirn herabfallenden Schweißtropfen
Düngen die Wiesen, die Felder und die Wälder.

Neu geboren wird meine tote Seele aus deinem Bauch,
Der nicht ermüdet in seiner Bewegung.
Oh, diese Freude über meine Geburt!
Dein Tanz und ich, der Himmel, die Sonne,
der Mond und der Wind,
Das Meer, die Erde, die Blumen und die Propheten –
Wir alle sind eins geworden.
Jedes Mal, wenn deine Hüften schwingen,
verlängert sich mein Leben um 1000 Jahre.
Jedes Mal, wenn deine Hüften kreisen,
verlängert sich das Leben
der Menschen um 1000 Jahre.
Jedes Mal, wenn deine Hüften pendeln,
tanzen 1000 Kinder mit dir den Reigen.
Meine beiden Augen werden erfüllt
durch das Licht deiner fröhlichen Blicke.

Die Schläge meines Herzens
und das Zittern deiner Hüften umarmen sich.
Tanze, o tanze, du Unvergängliche, du ewig junge Frau,
Denn dem Licht der Nacht gleichen deine Augen,
Und in deinen Haaren spielt der Wind des Ostens,
Die Früchte des Himmels
pflücken deine hoch erhobenen Arme.
Aus deinem Bauch wurde ich geboren,
und meine Seele erwachte,
um wieder geboren zu werden!

(Unbekannter arabischer Dichter)

Vorwort

Schon bald nachdem ich angefangen hatte, Orientalischen Bauchtanz zu unterrichten, hatte ich den dringenden Wunsch, mich mit diesem Thema nicht nur in der Praxis, sondern auch theoretisch auseinander zu setzen. Es existierten zwar einige amerikanische Bauchtanzbücher, doch meist mit dem unterschwelligen Tenor: «The very sexy exercise» oder «Make your husband a sultan» usw. Damit konnte ich mich nicht identifizieren.

Mein Anspruch war – so weit möglich –, die geschichtlichen Wurzeln des Bauchtanzes auszugraben, sein diffamiertes Image aufzuklären und seine Bedeutung für die heutige arabische Kultur aufzuzeigen.

Zum anderen wollte ich die Ursachen herausfinden, weshalb dieser Tanz einer uns so fremdartigen Kultur so viele Anhängerinnen in Europa findet. An dieser Stelle möchte ich allen Frauen danken, die mir in gemeinsamen Gesprächen halfen, dieser Sache auf den Grund zu gehen.

Mit einem großen Fragezeichen begannen wir die Recherchen zum historischen Teil, weil es fast nichts schriftlich Überliefertes gab außer einigen allgemeinen Behauptungen über die Herkunft des Tanzes. Doch selbst in den Bibliotheken Kairos wurden wir nicht so fündig, wie wir es erhofft hatten. Bauchtanz war offensichtlich bisher noch kein Thema für eine intensive und systematische Forschung. Wenn wir dann nach geduldigem Suchen doch etwas fanden, wurde es jedes Mal mit Jubel begrüßt, besonders, wenn es für unsere Betrachtung verwertbar war. An dieser Stelle schulde ich vor allem Jörg großen Dank, der diese Recherchen vornahm und mit bewundernswerter Ausdauer die Bibliotheken durchstöberte. Ohne ihn hätte dieses Buch auf einen wesentlichen Teil seines Anspruchs verzichten müssen. Wir würden uns deshalb freuen, wenn diese erste historische

Betrachtung über den Bauchtanz in deutscher Sprache – besonders weiblichen – Wissenschaftlern als Grundlage dienen könnte und sie zu weiteren Arbeiten auf diesem Gebiet anregen würde.

Ein wichtiges Anliegen war mir außerdem, die «Bauchtanz-Sprache» zu vereinheitlichen. Bis jetzt kursieren die unterschiedlichsten Bezeichnungen für ein und dieselbe Bewegung, je nachdem wie sie (meist aus dem Amerikanischen stammend) übersetzt wurden. Zusammen mit Erika Kwiatkowski, die die gleichen Erfahrungen gemacht hatte, fand ich für die entsprechenden Bewegungen folgende deutsche Bezeichnungen: «Hüftschleife», «Hüftwippen», «Hüftpendel»; den «Hüft-Drop» haben wir eingedeutscht. Andere wurden in Anlehnung an arabische Wendungen benannt.

Das Buch wurde so konzipiert, dass die Grundbewegungen durchaus von Anfängerinnen zu Hause im «stillen Kämmerlein» nachgetanzt werden können. Bei steigendem Schwierigkeitsgrad wird natürlich auch das Nachtanzen schwieriger. Deshalb findest du im Anhang eine Liste mit Kurs-Adressen, wo du unter lebendiger Anleitung tanzen kannst.

In diesem Zusammenhang möchte ich dich gleich warnen: *Den* Bauchtanz gibt es nicht. Es gibt so viele verschiedene Richtungen, Stile und Interpretationen, wie es Charaktere und Temperamente gibt. Jede Frau wird die gelernte Grundbewegung ein wenig anders ausführen, und entsprechend ihres Körperbaus wird sie auch ein wenig anders aussehen.

Und noch eins: Bei aller erforderlichen Technik, an der du hart arbeiten musst: *Emotion* ist wichtig. Der Bauchtanz ist viel zu schön, als dass wir ihn nur als rein gymnastische Übung sehen sollten: Gehe in dich, versuche deinen eigenen Mittelpunkt zu finden, bekenne dich zu deinem Bauch, zu deinen Gefühlen und zu deiner Lust – lass sie heraus, und lass sie tanzen!

Empfehlenswert ist es, sich mit anderen Frauen zu einer Gruppe zusammenzuschließen. Gemeinsames Tanzen macht Spaß, ihr kommt euch näher und könnt euch gegenseitig helfen, könnt zusammen Kostüme schneidern und Feste feiern. Macht euch z. B. auch mit arabischen und türkischen Frauen in eurer Gegend bekannt, und ladet sie zu euren Tanzfesten ein. Meist sind solche Begegnungen äußerst wohltuend und erquicklich.

So gesehen, kann der Bauchtanz nicht nur zu neuen Erfahrungen mit dir selbst und zur Erweiterung deiner Persönlichkeit, sondern auch zum Kennenlernen einer anderen Kultur und zur Völkerverständigung beitragen!

In diesem Sinne – viel Freude!
März 1983 *Dietlinde Karkutli*

Vorwort zur Neuauflage

Vierzehn Jahre nach seinem Erscheinen erfährt das *Bauchtanz-Buch* eine weitere Neuauflage; das zeigt nicht nur, dass sich der Orientalische Tanz in Deutschland fest etabliert hat - auch das *Bauchtanz-Buch* selbst hat sich inzwischen zu einem nachgefragten Standardwerk entwickelt. Es vermittelt den Leserinnen und Lesern eine nach wie vor aktuelle und von großer Sachkenntnis geprägte Darstellung des Orientalischen Tanzes und hält ein begeisterndes Plädoyer für einen der ältesten Kulturtänze der Welt.

Zur Verbreitung und Akzeptanz des Orientalischen Tanzes in Deutschland hat die Autorin wesentlich beigetragen. Das von ihr 1988 gegründete jährliche Tanzfestival sowie das Arabeska-Zentrum in Frankfurt sind auch im Ausland bekannt und genießen internationalen Ruf. In diesem Rahmen vermochte es Dietlinde Karkutli, die in diesem Buch vorgestellten ägyptischen Stars Nagua Fuad, Suheir Zaki, Farida Fahmi und Mahmoud Reda erstmals nach Deutschland einzuladen und dem hiesigen Publikum mit ihrem Tanz zu präsentieren.

Das Wirken von Dietlinde Karkutli, die 1994 verstarb, hat durch das Weiterbestehen des Studios Arabeska, des Orientalischen Tanzfestivals («Art Oriental») und jetzt auch durch die Neuauflage des *Bauchtanz-Buches* eine Fortsetzung gefunden.

Frankfurt am Main, im Januar 1997 *Nadim Karkutli*

Der Orientalische Bauchtanz – gestern und heute

1. Der Bauchtanz von seinen Uranfängen bis in die Gegenwart

Von allen Künsten gehört keine so ausschließlich der Gegenwart an wie der Tanz. Es gibt für ihn eigentlich keine Vergangenheit, er ist eine Kunst des Augenblicks, vorbei schon im Entstehen. Nichts vermag ihn zurückzurufen. Max von Boehn*

Bei unserem Suchen nach den Wurzeln des Orientalischen Bauchtanzes mussten wir uns auch mit Wesen und Ausdruck des Tanzes an sich auseinander setzen. Wir fanden so – geradezu zwangsläufig – den Weg zum Tanz des «primitiven Naturmenschen», d. h. zum Tanz an sich. Denn auch der Bauchtanz ist – im Gegensatz zu unseren abendländischen Gesellschaftstänzen – ein Tanz, der als dynamisches Geschehen einer Selbstaussage, als spontane Äußerung einer Seele aufzufassen ist.

Frühe Zeugen nordafrikanischen Tanzes

Erste Belege einer Existenz des Tanzes – vielleicht sogar des Bauchtanzes – sind prähistorische Zeugnisse Nordafrikas: Auf steinzeitlichen Fresken des Tassili-n'Ajjer in der Zentral-Sahara, dem «größten vorgeschichtlichen Museum der Erde» (Henri Lhote**), hat man bunte Szenen gefunden, bei denen Tänze, und gerade Tänze mit Masken, eine wichtige Rolle spielen; so waren am Fundort «Sefar» Masken abgebildet, die denen ähnlich sind, die heute noch in Burkina[1]» und bei den Ba-Tschokwe in Ango-

* Deutscher Schriftsteller (1860–1932), Verfasser von Werken zur Kulturgeschichte

** Henri Lhote, franz. Völkerkundler, der auf mehreren Expeditionen die Felsmalereien kopieren ließ und so weltbekannt machte.

la[2] benutzt werden; am Fundort «Inauanrhet» ist eine maskierte Gestalt abgebildet, die eine weiß bemalte Frau mit rundem Gesicht überragt. Weitere Fresken mit gemalten Masken oder maskierten Personen im Tassili-n'Ajjer finden sich: «Ti-n'Aboteka», «Ti-n'Tazarift» sowie «Metalen-Amazar»; man schätzt ihr Alter auf ca. 7000 Jahre.

In der Nähe des Bildes von Sefar gibt es ein anderes, auf dem tanzende Männer dargestellt sind: Etwas Dämonisches geht von den tanzenden Kobolden mit ihren Pilzköpfen aus, die mit krass gespreizten Beinen und wirbelndem Arm- und Schenkel-Schmuck sich förmlich im Kreis zu drehen scheinen. Es handelt sich kaum um eine profane Szene, sondern sehr wahrscheinlich um einen rituellen Tanz.[3]

Diese Malereien datieren sehr viel weiter zurück als der Beginn der ägyptischen Hochkultur und entstammen jener Steppenjäger-Nomadenkultur der Sahara, an der offensichtlich u. a. auch negride Stämme beteiligt waren. Sie beweisen, dass im Bereich der Sahara bereits während der Steinzeit Völker lebten, deren Riten jenen glichen, die im heutigen Schwarzafrika noch immer lebendig sind.

Gleichfalls aus neolithischer Zeit stammen Felsritzungen im westlichen Teil des Sahara-Atlas Algeriens: Dort finden sich bei der kleinen Oase Tiout auf senkrechten Wänden eines «Zeichenberges» (in der Nähe einer Wasserstelle!) Gravuren, die neben vielen Savannen-Tieren jener Zeit auch Menschen zeigen, von denen folgende Szene eines «Paares» gleich mehrfach auftaucht (siehe unten stehende Abbildung).

Ein hockender Mann (?) mit Pfeil und Bogen ist durch eine Linie, die von seiner Genitalregion ausgeht, mit einer stehenden weiblichen (?) Gestalt verbunden, die die Arme (zum Himmel) erhoben hat. Von Ethnologen und Anthropologen wird diese Szene aus dem nordafrikanischen Jäger-Milieu nicht unbedingt als Sexualakt im profanen Sinne gedeutet: Die die beiden Menschen verbindende Linie sei vielmehr eine Art «magischer

Steinzeitliche Felsritzungen bei Tiout, Algerien, nach Fotografien gezeichnet

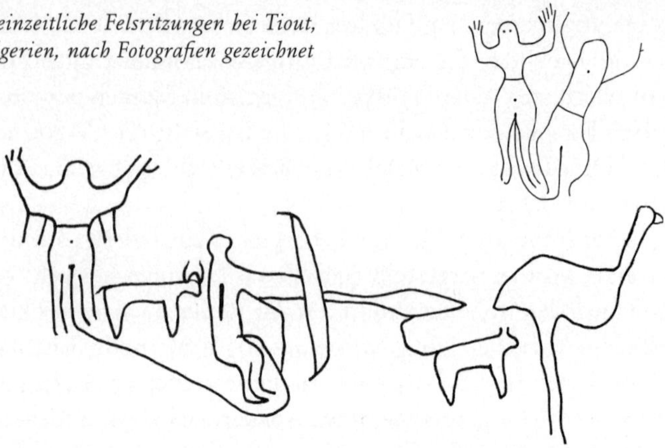

Nabelschnur», ein Zusammenhang, der die Geschlechtlichkeit in die Sphäre des Weltganzen einbaut.[4] Andere Betrachter dieser Szene wollen im Rahmen eines Fruchtbarkeitsritus in der stehenden Gestalt die «Weltenmutter», die «magna mater», sehen.

Eine eindeutig weibliche Gestalt mit auffallend betonten Geschlechtsmerkmalen und ungegliederten Beinen haben wir in der Abbildung gegenüber vor Augen: Es handelt sich um eine kleine Terrakotta-Statue aus der archaischen, vorpharaonischen Epoche Ägyptens – ebenso wie die zuvor besprochenen Malereien und Gravuren über 6000 Jahre alt. Auch hier wieder die hoch erhobenen, zum Kopf einwärts gebogenen Arme, zumeist eine typische Geste der Unterwerfung, damit auch der Anbetung und des Erflehens, der Beschwörung und der Zauberei, hier allerdings als Tanz-Haltung gedeutet*:

Sicherlich mag es verwegen sein, in solch steinzeitlicher Felskunst Nordafrikas, deren Sinngehalt von uns heute zumeist – wenn überhaupt – lediglich durch Analogie-Schlüsse erfasst wer-

* Denn die Überbetonung gewisser Körperteile lässt vermuten – wie auch bei anderen Tonplastiken dieser Art, unter denen Männerdarstellungen allgemein selten sind –, dass sie nicht als ein Abbild, sondern vielmehr als ein Sinnbild gemeint sind.

den kann, Bauchtanz-Szenen zu erkennen.[5] Doch wir müssen uns gerade bei der Betrachtung und Interpretation solcher Bilder fragen, ob nicht Wurzeln des Bauchtanzes im Mystischen liegen könnten (dargestellt im Fruchtbarkeitsritus als Huldigung des Menschen an die Gottheit), ohne Rücksicht darauf, ob die hier ausgewählten Kunstwerke überhaupt tanzende Frauen darstellen.

Fruchtbarkeitsgöttinnen haben ja offenkundig schon sehr früh in der Menschheitsgeschichte eine Rolle gespielt. Daraus können wir schließen, dass die Frau als Erfinderin von Haus- und Feldbau – noch heute leistet sie in den matrilinearen Bauernkulturen Afrikas fast ausnahmslos die Hauptarbeit bei der Feldbestellung – von den Männern jener Zeit als Trägerin menschlicher Fruchtbarkeit und schließlich als Beschützerin der Fruchtbarkeit von Pflanzen und Tieren, eben als magisches Wesen, verehrt wurde: als «magna mater», die Verkörperung der friedlichen matriarchalen Gesellschaftsordnung.

Da der Tanz auf einem urwüchsigen menschlichen Trieb beruht, der sich schon im frühen Kindesalter ausdrücken will, ist er auch als die ursprünglichste aller Künste anzusehen. Lange bevor die ersten primitiven Zeichnungen oder Plastiken entstehen, gibt es Tänze. Auf dieser frühen kulturellen Entwicklungsstufe des Menschen hat sich eine Trennung zwischen «Künstlern» und «Publikum» noch nicht vollzogen. Ausübende und Zuschauer sind identisch. Es gibt noch keine Bühne, kein Parkett, keinen Vorhang, der die Welt der Wirklichkeit von der des Scheins trennt; es wird nicht «gespielt». Die Bewegung des Lebens äußert sich in der Bewegung des Körpers. Ja – der Tanz ist «gesteigertes Leben schlechthin»[6], eine Formulierung, die wir besonders für den Bauchtanz in Anspruch nehmen möchten.

So behaupten wir, dass der Tanz als die älteste Kunstform des Menschen und der Bauchtanz in seinen elementaren Bewegungen wirklich als der älteste Tanz innerhalb der Menschheitsgeschichte anzusehen ist, den eine Frau jemals getanzt hat.

Es ist gut vorstellbar, dass bei diesen frühen Tänzen sehr wohl, wie Wilhelm Wundt[7] es formulierte, auch eine Assoziation zwischen Keimen und Sprossen in der Natur auf der einen und dem geschlechtlichen Leben auf der anderen Seite eine so beherrschende Rolle gespielt hat, dass stark erotisch gefärbte Tänze geradezu zwangsläufig entstanden sein mögen: Dem «Primitiven» sind ekstatisch-sexuelle Tänze mithin die symbolische Verwirklichung des fruchtbaren Lebens selbst.

Dafür gibt es im afrikanischen Kulturraum eine Reihe von Hinweisen.

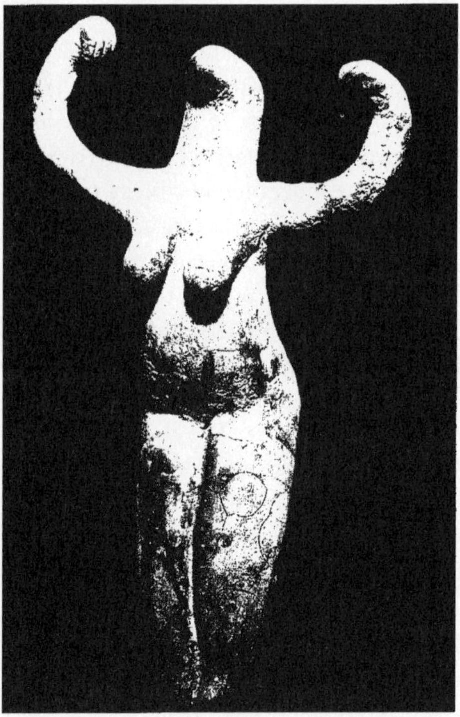

Stilisierte Frauenfigur, als Tänzerin gedeutet. Negade I-Periode (um 4000 v. Chr.). Ton 25,5 cm hoch, Übersee-Museum, Bremen

Fruchtbarkeitstänze im Schwarzafrika von heute und ihre Bedeutung

Schriftliche und bildliche Darstellungen des Mittleren Reiches (etwa 2040 bis 1640 v. Chr.) und des Neuen Reiches Ägyptens (etwa 1555 bis 1070 v. Chr.) belegen (S. 25 f.), dass der Bauchtanz nicht nur seitdem in Ägypten heimisch gewesen sein muss, sondern dass es bereits im Alten Reich (um 2400 v. Chr., unter König Asosi) eine Kaste professioneller Tänzerinnen gab, die ursprünglich aus Schwarzafrika stammten. Es waren vor allem die offensichtlich besonders tanzfreudigen Pygmäen aus Zentralafrika, die im alten Ägypten in so hoher Gunst standen, dass ein Pharao sich wünschte, den Göttern nach seinem Tod als Tanzzwerg zu gefallen. Von ihrer natürlichen, unwandelbaren und übersprudelnden Lebensfreude wird auch heute noch berichtet.

So beschreibt Pater Martin Gusinde[8], einer der besten Kenner dieses Zwergvolkes, einen erotischen Tanz der Ba-Mbuti-Pygmäen[9]:

«Bei Beginn ordnen sich die Burschen und Mädchen je zu einer seitlich ausgezogenen Reihe, dass die eine der anderen das Gesicht zugewandt hält. Zunächst springen sie geraume Zeit auf der gleichen Stelle, bis sie genügend Schwung erreicht haben. Von da an tanzt zuerst ein Mädchen aus der Reihe hervor und bewegt sich über den freien Zwischenraum von einigen Schritten hinweg geradlinig bis nahe an den von ihm erwählten Burschen heran; nach einer schwunghaften Ruckbewegung mit dem Becken und ohne länger als wenige Augenblicke zu verweilen, tänzelt es auf seinen Platz in der Reihe zurück. Seine Herausforderung wird von jenem Burschen sofort erwidert, der nur abwartet, bis das Mädchen seine Reihe erreicht hat. Nach der gleichen Art springt er tänzelnd auf jenes Mädchen los, bis er ihm ganz nahe gegenübersteht, hebt sein rechtes Bein seitwärts und führt mit seinem Becken die gleiche stoßende Ruckbewegung aus, sodass er nahezu das Mädchen berührt, das mit wohlgefälligem Lächeln seinen Unterleib, wie ausweichend, kaum merkbar plötzlich nach rückwärts einzieht. Der Bursche eilt in seine Reihe zurück, und in genauer Wechselfolge geht es weiter hin und her ...»

Wichtig ist, dass diese Waldzwerge, die ja normalerweise unbekleidet sind, sich für diesen erotischen Tanz bekleiden, die Frauen mit Blattwerk, die Männer mit Tierfellen. Auch die Tatsache, dass der Tanz am Tage stattfindet, bedeutet, dass wir ihn keinesfalls als Tanz im Sinne eines sexuellen Vorspiels missdeuten dürfen.

Interessant ist für unsere Betrachtung auch der folgende, von Pater P. Trilles[10] beschriebene rituelle Geburtstanz der Pygmäen Gabuns:

Hier stehen Frauen einander gegenüber (charakteristisch für all diese Geburts-, Pubertäts- und Fruchtbarkeitstänze ist, dass sie nach Geschlechtern getrennt getanzt werden, die meisten ausschließlich von Frauen, einige wenige auch von Männern) und markieren durch lebhaftes Klatschen und durch Stampfen der Füße den Tanz-Rhythmus. Die junge Mutter beginnt den Tanz, hält dann inne und wirft mit einer kraftvollen Hüftbewegung das Becken nach vorn. Eine zweite folgt. Dann erst darf sich die junge Mutter in ihre Hütte zurückziehen. Dieser fröhliche Tanz dauert viele Stunden, zum Rhythmus von Trommeln und Rasseln, bis zum frühen Morgen. Es ist ein mimischer Tanz, mit vollendeter Kunst dargeboten, der alle Geschehnisse vor und nach der Geburt genau wiedergibt.

Vergleichbare Tänze sind aus dem Bereich südlich der Sahara noch bei bestimmten Savannen-Bauern dokumentiert worden, zum einen die Abschlusstänze der Frauen-Initiation (Einweihungsriten) bei den Banda im Süden der Zentralafrikanischen Republik[11], vor allem jedoch die Einweihungsriten der Sara-Frauen in Süd-Tschad[12]: Die Mädchen tragen dabei einen – offensichtlich dem arabischen Kulturraum entlehnten – Gesichtsschleier aus Perlenschnüren, außerdem lange Halsketten, die bis zur Taille hinabreichen können, Kupferringe an den Unterarmen sowie ein Hüftband aus Metallschellen. Wie überall auf dem afrikanischen Kontinent, so ist der Tanz auch hier – als fester Bestandteil aller Fruchtbarkeitsrituale – Mittelpunkt der Initiationsfeiern. Bei den Sara wird der Verlust der früheren Identität als Kind und die Wiedergeburt als erwachsenes Wesen durch einen Perlenschleier angedeutet. Das genannte Hüftband aus kleinen Metallglocken weist darauf hin, dass neben eindeutigen Hüpf- und Stampftänzen, deren Rhythmen in Schwarzafrika häufig durch Metallschellen an den Knöcheln akzentuiert werden, hier auch isolierte Hüft- und Beckenbewegungen eine wichtige Rolle spielen.

Eindeutig unter arabischem Einfluss dürfte wohl jener von H. Zache[13] beschriebene Frauentanz der islamisierten, arabisch/schwarzafrikanischen Mischbevölkerung aus der Küstenregion Tansanias entstanden sein, der «Ku-tikitiza», «der Bauchtanz»:

In eng aufgeschlossener Reihe bewegen sich die Tänzerinnen um die in der Mitte hockende «Mwari» (die zum ersten Mal Menstruierende) herum. Langsam nur bewegen sie sich vorwärts, ab und zu drehen sie sich um sich selbst. Die Arme hängen am Körper herunter, sie blicken auf den Boden oder träumerisch in die Ferne. Währenddessen macht das Gesäß eine wellenförmige Bewegung von der rechten Hüfte hinab zur linken Gesäßhälfte, dabei lassen sich Einzelne langsam auf den Boden herab. Bewundernswert ist dabei außer der Ausdauer, die oft erst beim Morgengrauen erlahmt, die fabelhafte Gelenkigkeit von Kreuz- und Beckenpartie, die sich die Frauen mit der Zeit aneignen: «Kucheza kiuno» – «die Hüfte spielen lassen».

Bei den hier vorgestellten Tänzen Schwarzafrikas ist unverkennbar, dass es sich vorwiegend um sinnlich-erotische Tänze handelt. Man kann sie zusammen mit den Geburtstänzen als Fruchtbarkeitstänze religiösen Ursprungs bezeichnen, da ihre archaisch-rhythmischen Bewegungen göttliche, Leben spendende, kosmische Kraft ausdrücken sollen.

An dieser Stelle ein paar Worte zur Frage des Obszönen, die uns im Zusammenhang mit dem Bauchtanz immer wieder begegnet:

Bei den afrikanischen Tänzen – und nicht allein hier – gehört die zu beobachtende «Obszönität» zum kultisch-religiösen Ursprung dieser sexuell-erotischen Tänze. Denn was ist heiliger als der Leben spendende Liebesakt? Sexuelle Aktivität ist die Voraussetzung aller Fruchtbarkeit, ein heiliger, göttlicher Akt, der hier in einen rituellen Tanz umgesetzt wird, der die «gewaltige Realität des göttlichen Eros» nachahmt.[14]

Wo liegen überhaupt die Quellen, die Wurzeln des afrikanischen Tanzes?

Während wir intellektualisierten Europäer in unserem vordergründigen Bewusstseinszustand eine formulierte «Idee», eine «Botschaft» brauchen, die wir meinen, verkünden zu müssen, braucht sie der Afrikaner nicht (vgl. hierzu auch die betreffenden Antworten der befragten ägyptischen Tänzerinnen auf S. 64). Für den Afrikaner ist der Tanz nicht nur Ritual, Magie, Zauberei oder Geisterbeschwörung, sondern *gleichzeitig* auch Rausch, Entrückung, Glück und Fülle des ganzheitlichen Menschen und damit ein Ausdruck der Befreiung vom festgelegten Ich, von körperlicher und seelischer Beengtheit.

Man tanzt, um seine Gefühle und Empfindungen auszudrücken, um sie in eine «sichtbare» Sprache zu übersetzen, die jedem verständlich ist. Das sagt der Afrikaner Keita Fodeba[15], der in Guinea nicht nur eines der bedeutendsten Folklore-Ensembles Afrikas gründete («Les Ballets africaines de Keita Fodeba»), sondern auch als Ethnologe, Musikwissenschaftler, Schriftsteller und schließlich als Innenminister seines Landes bekannt wurde.

Getanzt wurde also nicht nur aus dem Verlangen heraus, auf ein höheres, göttliches Wesen einzuwirken. So auch Pater Marfurt[16], der lange Jahre in Kamerun verbrachte:

«Der Tanz spielt im musikalischen Leben Afrikas eine bedeutsame Rolle. Er ist dem *einzelnen Menschen* Spiel, Vergnügen, Entspannung, gibt ihm Möglichkeiten zu kunstvollen Abenteuern der Phantasie, zum Schritt hinüber ins Reich der großen Gedanken, zum Sprung über sich selbst hinaus in höhere Welten, zur ahnungsvollen Annäherung an die Umwandlung, auf welche der Mensch das ganze Leben wartet und die er vom Tode erwartet. Der Tanz führt deshalb zur natürlichen Ekstase des Tanzenden. Der Tanz gibt außerdem der *Gemeinschaft* Gelegenheit, sich auszusprechen, kennen und lieben zu lernen, sich zu finden und zu versöhnen. Er fördert die Gemeinschaft, bringt sie zu frohem Bewusstsein ihrer selbst, vertieft das Zusammengehörigkeitsgefühl und erfüllt so eine nicht zu übersehende soziale Rolle im Leben der Afrikaner …»

Ähnliche Beweggründe lassen uns das Tanzen in der Frauengemeinschaft so wertvoll erscheinen.

So ist der Tanz als vielleicht spezifischste Ausdrucksweise für den Afrikaner, wenn auch in unterschiedlichen Formen, allen Kulturen Afrikas der Vergangenheit wie der Gegenwart gemeinsam. In Afrika gab und gibt es keine Kultur, in der der Tanz nicht eine große Rolle spielte. So kann man zu Recht die afrikanischen Kulturen als ausgesprochene Tanz-Kulturen definieren.

Der Afrikaner löst sich durch die ansteckende Ekstase, durch den Rausch aus seiner individuellen Isoliertheit und Einsamkeit und erreicht einen Zustand von Gemeinsamkeit und Solidarität. Außerdem hat der Tanz für ihn durch seine Hingabe an eine höhere Macht, durch das Einordnen der eigenen Bewegungen in die Bewegung des Ganzen auch eine kosmische Bedeutung: «Der tanzende Mensch kann im Einklang mit dem Universum sein, wenn ihm der Tanz zur höchsten Ekstase und zum Gefühl des Einsseins mit der Schöpfung verhilft», so formuliert es der niederländische Kunst-Psychologe Joost A. M. Meerloo in seiner Studie «Rhythmus und Ekstase».[17]

Allerdings kann nicht übersehen werden, dass heutzutage

auch in Schwarzafrika mehr und mehr aus Europa übernommene Verhaltensweisen, die in erster Linie auf unserer zwiespältigen Einstellung zu unserem Körper beruhen, zu beobachten sind. Sie lassen die Tendenz erkennen, dass auch in Afrika, wie bereits bei uns, die Einheit und Ganzheit des Lebens – und damit auch die eingangs beschriebene Funktion des spontanen Tanzes in Verbindung mit Äußerungen der Seele – dabei sind, verloren zu gehen.

Der Bauchtanz im alten Ägypten

Nachdem wir über Herkunft, Sinn und Funktion des Tanzes gesprochen haben, ist damit auch einiges zum Selbstverständnis des Bauchtanzes an sich – in seiner idealen Bedeutung – zum Ausdruck gekommen. So lernen wir den «Orientalischen Bauchtanz» als Ausdruck eines bestimmten, persönlichen Lebensgefühls kennen, als «Ausdruck einer erregten Seele», wie Emma Brunner-Traut[18] den spontanen Tanz einmal so schön apostrophierte. Das bedeutet allerdings, dass er sich mehr und mehr von seiner ursprünglichen religiös-rituellen Funktion entfernt.

In Ägypten war etwa um 4000 v. Chr. – u. a. als Folge von Arbeitsteilung und beruflicher Spezialisierung – eine Hochkultur mit politischen und wirtschaftlichen Machtzentren entstanden, in denen sich die neue Oberschicht auch musischen Betätigungen widmete. So entwickelte sich jetzt der Kult-Tanz – neben dem Tempeltanz – zum bloßen Schautanz: Der vornehme Ägypter tanzte nicht mehr selbst aus Vergnügen, sondern er *ließ* zwecks Unterhaltung, zum sinnlich-ästhetischen Körpergenuss, *tanzen.* Der Tanz als ritueller Vorgang wurde nicht mehr von der ganzen Gemeinde ausgeübt. Er verlor sich im Profanen und wurde zum Unterhaltungsprivileg einer bestimmten Klasse.

Währenddessen feierte das Volk seine alten Fruchtbarkeitsriten weiter, die allerdings mehr und mehr ihren religiösen Bezug verloren, auch schon deshalb, weil diesen Part jetzt die beruflichen Tempeltänzerinnen übernahmen.

So entstanden eigene Berufssparten von Unterhaltern, u.a. Schauspieler und Tänzer, die übrigens im alten Ägypten auch Akrobatinnen, Sängerinnen oder Musikerinnen sein konnten. Das geht nicht nur aus bildlichen, sondern auch aus schriftlichen Zeugnissen hervor: Für unser Wort «tanzen» hat man bis jetzt fast ein Dutzend alt-ägyptische Synonyme gefunden[19], die die unterschiedlichen Funktionen der Tänzerinnen zum Ausdruck bringen (hier eine Auswahl):

· vor Freude jauchzen
· erfreuen
· jubeln
· begrüßen
· lobpreisen
· vor Freude hüpfen
· ein Musikinstrument spielen
· zum Tanze singen
· bauchtanzen («thebtheb»)

Am häufigsten wird der Begriff «vor Freude jauchzen» benutzt.

Die Göttin Hathor ist in ihrer kosmischen Funktion die «Herrin des Jauchzens», die «Herrscherin/Göttin des Tanzes», die «Herrin der Musik und des Gesanges», die «Göttin der Freude». Ihr Kult-Instrument ist eine längliche Rassel, das Sistrum, ein «Freuden-Instrument», das bei den Kult-Tänzen den Rhythmus angab. Die ägyptischen Priester stellten in ihren meist mehrere Tage dauernden Tänzen den Lauf der Gestirne, aber auch mythologische Szenen aus der Geschichte von Isis und Osiris dar. Bei Bestattungen waren Trauerreigen und Totentanz die Regel, die freudige, mit Ernst und Würde gepaarte Gefühle ausdrücken sollten.

All das beweist eindeutig, dass der Schautanz im alten Ägyp-

Musikantinnen und Bauchtänzerinnen
Malerei auf Stuck, 18. Dynastie (um 1400 v. Chr.)
thebanische Nekropole, heute Britisches Museum, London

ten nicht nur dem oberflächlichen Vergnügen, sondern zumindest der inneren Freude und Befriedigung diente, vielleicht aber auch als magische Handlung ein tiefes, inneres, orgiastisches Erlebnis ausdrückte. Überall dort wurde getanzt, wo «ein gewichtiges Ereignis das Gleichgewicht der Seele zu stören drohte».[20]

Wie bereits zuvor erwähnt, wurde der ägyptische Schautanz bereits in der vorpharaonischen Zeit, als er noch stark religiösen Charakter besaß (3. Jahrtausend v. Chr.), von afrikanischen Berufstänzern beeinflusst. Später wurden auch im Mittleren Reich unter Sesostris II. (um 1900 v. Chr.) ausländische Tänzerinnen – Asiatinnen und Nubierinnen – nach Ägypten geholt.

Für den Bauchtanz ist jedoch das Neue Reich am Nil am bedeutungsvollsten, die Zeit von Thutmosis I. bis Echnaton und seiner Gemahlin Nofretete, in der die bedeutenden Tempel-Anlagen von Theben, Karnak und Luxor erbaut wurden. Offensichtlich kommt in der Zeit zum ersten Mal die weltliche Tanzform aus dem Süden nach Ägypten, die wir bei der Besprechung schwarzafrikanischer Tänze den Fruchtbarkeitstänzen zugeordnet haben: unser Orientalischer Bauchtanz.

Dass sich dieser weltliche Bauchtanz überhaupt entwickeln konnte, führen wir zum einen darauf zurück, dass sich hier zum ersten Mal das ästhetisch-rauschhaft empfundene Körpergefühl von der religiösen Verzückung trennt. Zum anderen festigte sich die rechtliche und gesellschaftliche Gleichstellung von Mann und Frau mehr und mehr (zumindest innerhalb ihres jeweiligen Standes), eine für orientalische Verhältnisse ungewöhnliche Tatsache. Eine ähnlich abgesicherte gesellschaftliche Stellung wie die ägyptische Frau hatte wohl nur noch die etruskische, nicht aber die in der patriarchalen Gesellschaftsordnung zur Dienstmagd erniedrigte Griechin. Die ägyptische Frau zeigte sich unverschleiert in der Öffentlichkeit; es war ohne Bedeutung, ob sie verheiratet war oder nicht. Sie besaß die volle Rechts- und Geschäftsfähigkeit, benötigte folglich nicht – wie die Griechin – für den Vollzug juristischer Akte einen Vormund. Sie besaß genau wie der Mann ein eigenes Grab mit den entsprechenden Beigaben, da sie völlig ungehindert über ihr Eigentum bestimmen konnte.

Aus dem Neuen Reich erfahren wir zum ersten Mal etwas über den Bauchtanz in Bild und Schrift. Das berühmte Wandgemälde aus dem Theben der 18. Dynastie (ca. 1400 v. Chr.), eine der freiesten Schöpfungen ägyptischer Kunst (Abb. auf S. 30), beschreibt Hans Hickmann[21] sehr treffend:

«Die reizvolle, charmante und mit leichtem Pinsel hingezauberte Malerei dieses in fröhlichen Farben gehaltenen Meisterwerks im Stil des Neuen Reiches verführt den Beschauer dazu, darin eine heitere, weltliche oder doch eine durch das Alltagsleben inspirierte Szene unbekümmerten Lebensgenusses zu erkennen ... Auf den ersten Blick möchte man glauben, einem mondänen Empfang in der pharaonischen Metropole beizuwohnen. Die Musikantinnen tragen Parfümkegel auf den Köpfen. Drei der Frauen singen offenbar das Lied, dessen Anfangstext uns durch die Beischrift mitgeteilt wird. Zwei klatschen dazu in die Hände, die Dritte auf den Schenkel. Die Vierte (auch sie in Vorderansicht, was sonst nur selten, z. B. bei Darstellungen gefangener Ausländer vorkommt) spielt die Doppeloboe mit Stroh-Mundstücken … Die jungen Mädchen rechts im Bild führen neben den bekränzten Wein-Amphoren tänzerische Bewegungen aus, die wir beim augenblicklichen Stand der Forschung *als Gesten identifizieren müssen, die zum Orientalischen Bauchtanz gehören, der hier also zum ersten Male belegt ist … Der beigeschriebene Liedtext handelt von der Fruchtbarkeit durch das Wasser und der alljährlichen Nilüberschwemmung, dem Neujahrsfest der Ägypter. Diese Tatsache bestärkt uns in der Interpretation der Tanzszene als Bauch- und Gesäßtanz im ursprünglichen Sinne eines Fruchtbarkeitsritus.*» (Hervorhebung: D. K.)

Soweit ein Schweizer Wissenschaftler, der erstmals von der bis dahin üblichen wissenschaftlichen Deutung abgeht, es handele sich hier um zwei Tänzerinnen, von denen die eine mit ihren Händen Wasser schöpfe, die andere sich zum Tauchen anschicke. Auch heute noch gibt es eine ganz ähnliche ägyptische Tanzhaltung, «Pferdchen» genannt (Hüftschwung rückwärts, schnalzende Finger bei zusammengelegten Händen). Die Forscher hätten nicht nur in den Gräbern wühlen, sondern sich unters Volk mischen und es besser beobachten sollen, dann wäre ihnen diese Deutung eher eingefallen!

Über dem Wandgemälde könnte als Motto folgendes altägyptische Lied aus einem thebanischen Grab stehen, das zur Harfe vorgetragen wurde (nach Erman):

«Feiere einen frohen Tag!
Stelle Salben und Wohlgerüche hin für die Nase,
Kränze von Lotos und Liebesäpfeln für die Glieder,
für den Leib deiner Schwester (Geliebten),
die in deinem Herzen wohnt, während sie bei dir sitzt.
Lass vor dir singen und musizieren,

wirf hinter dich alle Sorgen und gedenke der Freude,
bis dass kommt jener Tag,
wo du fährst zum Lande, welches das Schweigen liebt.»

In dieser Aufforderung, das Leben zu genießen, kommt die große Unsicherheit zum Ausdruck, dass alles mit dem Tode doch zu Ende sein könnte.

Diese Haltung drückt auch ein anderes Bildwerk (Abb. S. 34) aus, eine um etwa 150 Jahre jüngere Darstellung aus der 19. Dynastie. Es handelt sich um ein Kalksteinrelief aus der Nekropole von Sakkarah und befindet sich heute im Ägyptischen Museum in Kairo.

Dieses Relief, das der Zeit zu Ende des Neuen Reiches zugeordnet werden kann, ist durch die wohl geordnete Aufteilung des Gegenständlichen und der Rhythmen der schwingenden und sich kreuzenden Linien als ein Meisterwerk ägyptischer Relief-Kunst bekannt geworden. Den von rechts nach links in das Bild hineinschreitenden Priestern (im Bild nicht erfasst), die anbetend ihre Arme erheben, steht kontrastierend das Liniengewirr der Tambourin spielenden Tänzerinnen gegenüber. Zwischen diesen beiden Hauptgruppen sind zwei nackte jugendliche Tänzerinnen (Bauchtänzerinnen?) wiedergegeben. Sie schwingen leicht gekrümmte Klappern. Ihre tänzerische Pose – das Schwingen in den Hüften und das Einknicken in den Kniekehlen, ein Klappern-Paar vor dem Körper, das andere über dem Kopf – entspricht etwa der eines volkstümlichen ägyptischen Bauchtanzes mit Fingerzimbeln.

Es handelt sich hier um einen ruhigen, leise hin und her schwingenden Tanz, wie er heute noch in Ägypten und im Jemen bei Beerdigungen aufgeführt wird. Es ist kein wild bewegter, ekstatisch oder orgiastischer Tanz, wie man meinen könnte, wenn man das Bild lediglich vordergründig deutet. Der ägyptische Bildhauer liebte es nämlich, zeitlich nacheinander ablaufende Szenen oder auch denselben Menschen in verschiedenen

Lebensaltern jeweils in *einem* Bild nebeneinander darzustellen. So verstehen wir auch, dass in diesem Relief vier Phasen eines einzigen Tanzes dargestellt sind, die nicht von acht, sondern nur von zwei Tänzerinnen ausgeführt werden. Sie wiegen sich leicht in den Knien, ein Mal nach rechts, ein Mal nach links, zwischendurch nehmen sie jeweils wieder die Grundstellung ein.[22] Wollten wir diese Haltung interpretieren, so wäre sie am ehesten mit unserer «Schleife» oder «Figur Acht» gleichzusetzen (S. 126f.).

Die in transparente Gazeschleier gekleideten Trommlerinnen schwingen die heute noch von den Araberinnen benutzten «Daff», einfellige Rahmentrommeln, hin und her. Wie bei der arabischen Musik heutzutage (S. 229f.) werden auch hier durch Schläge mit der flachen rechten Hand auf die Mitte des Trommelfells die dumpfen Klänge – die rhythmischen Schwerpunkte – und mit der linken Hand, die gleichzeitig die Trommel hält, am Trommelrand die hellen Klänge erzeugt.

Tanzende Frauen – Trommeltanz; Kalkstein, Höhe 40 cm; 19. Dynastie (um 1250 v. Chr.) Nekropole von Sakkara/Kairo, heute Ägyptisches Museum, Kairo

Die gepflegten, gertenschlanken und grazilen Frauengestalten des Neuen Reiches haben entsprechend der ägyptischen Erfindung des «Nackttanzes» eine neue «Berufskleidung» erhalten: Entweder lediglich einen kurzen Rock mit zwischen den Brüsten gekreuzten schmalen Bändern oder ein langes, hauchzartes, durchsichtiges Gewand, das die Sinnlichkeit des Tanzes natürlich beträchtlich steigerte. Oder sie trugen neben reichem Halskragen, Ohrringen und Perücke mit breitem Stirnband lediglich ein schmales Perlenband unterhalb des Nabels auf den Hüften.

Das bedeutete, dass für die Ägypterinnen, zumindest die der Oberschicht, wegen des Bauchtanzes Körperkultur und Körperpflege außerordentlich wichtig waren; Ähnliches wird nur noch von etruskischen Frauen berichtet, für die der Tanz ebenfalls eine große Rolle spielte.

Tanz und – mit ihm untrennbar verbunden – Musik durften bei keinem ägyptischen Fest fehlen. Der rituell-religiöse Tanz, der

Tanzende Frauen, Ausschnitt aus der Abbildung links

beim Totenkult früherer Epochen dazu diente, böse Geister zu bannen, wurde nun, nachdem wahrscheinlich auch das tänzerische Können verfeinert worden ist, zum Selbstzweck, zu einem sinnlich-künstlerischen Genuss. Er spiegelte die heitere Lebensstimmung wider - zumindest der Oberschicht. Der Tanz im Neuen Reich wurde zu einem in sich geschlossenen, vollendeten Kunstwerk.

Steigerung der Sinnlichkeit, Genuss des Augenblicks, Schmuckbedürfnis, Liebeslyrik, die Frau als Mittelpunkt des gesellschaftlichen Lebens; solche Merkmale prägten den ausgesprochen femininen Charakter der Epoche des Neuen Reiches, den ersten Höhepunkt ägyptischer Hochkultur. Dazu steht im Gegensatz die Überbetonung des Männlichen im Alten Reich, in dem der würdige, ornamentale Tanz seiner sakralen Aufgabe gut entsprach.

In der bislang umfassendsten systematischen Geschichte des Tanzes weist Curt Sachs[23] darauf hin, dass es gerade die «Einfuhr asiatischer Mädchen», der Bajaderen, gewesen sei, die dem ägyptischen Tanz seinen eigentlich weiblichen Stil gebracht habe. Weil jene Zeit so feminin bestimmt war, scheint es sehr wahrscheinlich, dass Anregungen in dieser Richtung aufgenommen werden konnten: Vor allem die schlangenhaften Armbewegungen; hatte man doch bis dahin lediglich den etwas abrupten, feierlich-sakralen Stil gekannt.

Der Bauchtanz im Römischen Imperium

Während das klassische Griechenland als Schmelztiegel der alten Hochkulturen auch große Bereiche ägyptischer Kultur aufnahm und umformte, hat offensichtlich der weltliche Bauchtanz als sinnliche Kunst im Großen und Ganzen in Griechenland nicht die Bedeutung erlangt wie zuvor in Ägypten. Es sind zwar einige Tanz-Darstellungen bekannt, die als Bauchtanz-Bewegungen interpretiert wurden, aber sie sind in ihrem tänzerischen Ausdruck überhaupt nicht mit jenen des ägyptischen Neuen Reiches vergleichbar. Und das, obwohl der Tanz, die erotisch-dionysische Gabe Terpsichores, als geistiger Ausdruck der Fruchtbarkeit, des Glücks und eines rauschhaften Körpergefühls sehr wohl im Mittelpunkt der griechischen Kultur stand. Wegen des untergeordneten Status der Frau im klassischen Griechenland aber hatte der weiblich-selbstbewusste Schautanz keine Zukunft.

Anders in Rom. Ein Marmor-Relief, wahrscheinlich von der Via Appia (es stammt aus der Zeit Kaiser Hadrians um 120 n. Chr., steht heute im Thermen-Museum), das den afrikanisch-ägyptischen Bauchtanz als sakrale Zeremonie anlässlich der Bestattungsfeierlichkeiten eines Römers ägyptischer Religion zeigt: Es tanzen die schon erwähnten Tanzzwerge sowie – in hauchzarten, faltenreichen Gewändern – Afrikanerinnen,

Bauchtanz-Szene. Marmor, vermutlich Teil einer Grabstätte von der Via Appia, Rom, heute Thermen-Museum, Rom

zwei von ihnen mit Klappern in den Händen. Begleitet werden alle durch rhythmisches Klatschen der Umstehenden.

Nach De Garies Davies[24] hatten derartige Tänze im alten Ägypten die Funktion, den Zuschauern eine körperlich spürbare Ekstase zu vermitteln, die durch das bloße Ablaufen der Zeremonie nur schwer hervorgerufen werden konnte. Durch den Anblick eines vibrierenden Körpers unter dem Klang starker monotoner Rhythmen werden die Emotionen frei.

Auch die Bacchantinnen, die Gefährtinnen bei Trinkgelagen, übernahmen diesen Tanz, wie Fresken in Rom zeigen. In Pompeji hält eine Wandmalerei im Hause der Mysterien uns eine weitere Situation vor Augen: Bauchtanz als Begleitung römischer Initiationsriten des 1. Jahrhunderts n. Chr. (Abb. auf S. 39).

Rom kannte aber auch den Bauchtanz als rein sexuell-animierenden Schautanz. Und zwar war zu Ende des 2. Punischen Krieges (218–201 v. Chr.) das damals phönizische «Gadir», das heutige südspanische Cadiz, an das Römische Imperium gefallen. Damit kam Rom auch in Berührung mit den «Puellae Gaditanae» (den Mädchen von Gadir) und ihrer Kunst. Was hatte es damit auf sich?

Phönizische Händler und Kolonisten hatten um 1100 v. Chr. Gadir als Handelsniederlassung westlich der «Säulen des Herkules» gegründet und die Kunst des Bauchtanzes von den Küsten des östlichen Mittelmeeres nach Gadir exportiert. Die Phönizier, die ja im politisch-wirtschaftlichen und kulturellen Einflussbereich des groß-ägyptischen Reiches standen, gelten folglich als Übermittler des Bauchtanzes vom Orient zum Okzident.

Gleich von mehreren römischen Schriftstellern jener Zeit sind uns Zeugnisse der «Kunst der Mädchen von Gades» überliefert worden. Vor allem aus dem 1. Jahrhundert n. Chr., in dem Gades im Römischen Reich wegen der üppigen Tänze und Lieder besonders berühmt-berüchtigt war, liegen uns eindeutige Zeugnisse vor. Während Plinius der Jüngere in einem seiner

Briefe[25] die Mädchen von Gades nur kurz erwähnt, sagt der «Frauenkenner» Juvenal klipp und klar, was ihn ausmacht, diesen Bauchtanz, der als Tisch-Unterhaltung bei üppigen Symposien des vornehmen Roms so beliebt war[26]:

«Denkst Du vielleicht, die Mädchen, sie würden hier schlüpfrige Lieder gaditanischer Art im Chor anstimmen und, kühn vom Beifall, hinunter zur Erde mit schwänzelndem Hintern sich lassen?»

Und in der pikantesten seiner Satiren, der 6., in der Juvenal auf die nächtlichen kultischen Feiern zu Ehren der Fruchtbarkeitsgöttin Bona Dea anspielt (aus der zwischen den Zeilen augenscheinlich Neid spricht, weil Männer von diesen Feiern ausgeschlossen waren!), heißt es[27]:

Tanzende Frauen mit Zimbeln. Wandmalerei im «Haus der Mysterien», Pompeji (1. Jh. n. Chr.)

«Siehe, Saufeia setzt hin den Kranz, sie fordert die Mägde der Kuppler heraus und siegt im Tanz der wiegenden Hüfte; Aber sie selber vergöttert Medullinas fließenden Bauchtanz. Damen umkämpfen den Sieg, ihr Können, es gleicht ihrem Adel ...»

Es ist offenbar: Der feine erotische Zauber, das Sinnlich-Heitere, das den Reiz des Bauchtanzes noch in Alt-Ägypten ausmachte – hier ist es dahin, mögen auch Saufeia und Medullina hoch gestellte, adlige Frauen gewesen sein.

Für uns heute ist bedeutsam, dass bereits im damaligen Rom, als Roms imperiale Größe langsam verfiel, der Bauchtanz zum sexuellen Aufforderungstanz degenerierte – ähnlich wie später während der Kolonialzeit des 19. Jahrhunderts.

Der Bauchtanz in der arabischen Welt

Im Zuge der Ausbreitung des Christentums im Mittelmeer-Raum wird es um den Bauchtanz recht still. Wir können uns gut vorstellen, wie die asketisch-paulinische Kirche jener Zeit auf ihn reagiert haben mag, zumal uns römische Quellen vorliegen, nach denen der Tanz im späten Ägypten (z. B. beim berühmten «Bienentanz», bei dem die Tänzerin solange in ihrem Gewand nach einer vermeintlichen Biene suchte, bis sie entkleidet ist) und auch im späten Rom, wie wir gerade gesehen haben, eindeutig in Verruf gekommen war.

Im 7. Jahrhundert beginnt der rasante Siegeszug des Islam, einer Religion, die der Körperlichkeit zumindest zwiespältig gegenübersteht. Das lebendige Wesen «Mensch» darf nicht im Bilde festgehalten werden. So flüchtet sich der Künstler mit seiner ganzen schöpferischen Gestaltungskraft in eine Stilisierung der Natur, in einen symbolischen, arabeskenhaften Ausdruck, der allerdings in seiner Vielfalt nicht wieder seinesgleichen gefunden hat.

Trotz – oder gerade wegen – jenes strikten Verbotes, das man aus Mohammeds Lebensführung meinte ableiten zu müssen, bot sich der Bauchtanz – quasi als Ersatz für die verbotenen Skulpturen und Bilder – neben der *abstrakten* Arabeske als *lebendige* Möglichkeit an, Gefühle mit Hilfe von Musik durch den menschlichen Körper auszudrücken. Möglicherweise ist dies der Hauptgrund, weshalb der Orientalische Bauchtanz vornehmlich in der arabischen Welt den so volkstümlich-bedeutenden Status erhalten konnte, den er heute noch als integrierter Bestandteil des täglichen Lebens besitzt.

Dieser Tanz betont durch reiche, harmonische Linienführung weibliche Anmut und Schönheit. Hier wird anstelle von ausgreifender räumlicher Bewegung, wie sie für die meisten europäischen Bein-Tänze typisch ist, das Hauptaugenmerk auf die Körpermitte mit ihren binnenkörperlichen Bewegungen gelenkt.

Inwieweit der Orientalische Bauchtanz im heutigen Ägypten exakt den entsprechenden Tänzen des Altertums noch gleicht, kann man nicht genau sagen. Einige ähnliche Tanzhaltungen gibt es noch heute (s. S. 34 und 35); außerdem können wir uns auch auf eine wichtige Quelle berufen: Der arabische Forscher, Historiker und Schriftsteller al-Masudi aus Bagdad, der im 10. Jahrhundert lebte, berichtet, dass gegen Ende des goldenen Zeitalters von Bagdad im 9. Jahrhundert der Abbasiden-Kalif al-Mutamid einen Gelehrten fragte, welche Qualitäten denn eine gute Tänzerin ausmachten. Der Gelehrte begann seine Antwort mit einer Aufzählung von acht verschiedenen Rhythmusarten, die sie beherrschen müsse, beschrieb dann Temperament und Körperbau als Grundvoraussetzungen einer guten Tänzerin: Sie müsse «geschmeidige Gelenke besitzen als auch mit großer Kunstfertigkeit ihre Hüften kreisen und schwingen» lassen können![28] Das sind Qualitäten, die unserer Meinung nach auch heute für den Orientalischen Bauchtanz unerlässlich und charakteristisch sind.

Augenscheinlich sind unter den «sehr schönen Tänzen maurischer Art», die Sigrid Hunke[29] aus dem Altkastilien des 11. Jahrhunderts zitiert, Orientalische Bauchtänze zu verstehen. Denn von arabischen Tänzerinnen als kostbarster Kriegsbeute an hispano-christlichen Fürstenhöfen wird sehr wohl berichtet. Zwei Jahrhunderte später lesen wir, dass der letzte Staufer-Kaiser Friedrich II. entsprechend seines Auftretens und seines orientalischen Lebensstils immer zwei arabische Tänzerinnen («due puelle Sarracene») zur Unterhaltung der Kaiserin (!) mit sich geführt habe.[30]

Recht anschaulich sind die folgenden Augenzeugen-Berichte europäischer Reisender des 18. und 19. Jahrhunderts. Sie sind jedoch allesamt zumeist geprägt von den christlichen Moralvorstellungen jener Zeit.

Als älteste Betrachtung dieser Art liegt uns einer jener berühmten «Briefe aus dem Orient» der Lady Mary Montagu vor, gerichtet an die Gräfin von Mar, und zwar jener vom 18. 4. 1717 aus Adrianopel, dem heutigen Edirne in der europäischen Türkei. Dort wohnte sie im Hause eines türkischen Großwesirs einem Bauchtanz bei:

«Auf ein Zeichen der Hausfrau stimmten vier der Dienerinnen auf einem Instrument, welches die Mitte zwischen Laute und Gitarre hielt [‹Buzuk›], sanfte Weisen an und sangen dazu. Die anderen bewegten sich dazu abwechselnd im Tanz. Dieser war völlig verschieden von allem, was ich bisher gesehen habe. Es gibt nichts Kunstvolleres, nichts, was geeigneter wäre, gewisse Gedanken und Wünsche zu erwecken. Die schmelzende Musik, die schmachtenden Bewegungen, die brechenden Augen, die Pausen; die Art, wie sie sich zurückbogen und kunstvoll wieder aufrichteten, all dies muss auch die kälteste und sittenstrengste Prüde an Dinge gemahnen, über die man lieber nicht spricht.»[31]

Die Osmanen hatten nämlich den Bauchtanz im Zuge ihrer Auseinandersetzungen mit Ägypten - spätestens jedoch 1517 - kennen gelernt, als die Macht des Islam vom Nil an den Bosporus wechselte. Der Tanz fand Eingang in den türkischen Harem als ein Mittel, die Gunst des Herrn und Gebieters auf sich zu ziehen, und verstärkte so seinen schlechten Ruf (Abb. S. 44).

Mehrfach ist in der Vergangenheit behauptet worden, der Bauchtanz sei durch die Türken im gesamten Osmanischen Reich verändert worden - das dürfte nur schwer zu belegen sein. Denkbar ist durchaus, dass unter türkischem Einfluss den ägyptischen Bewegungen von Becken, Hüften, Oberkörper und Armen die Bauchrolle hinzugefügt worden ist. Fest steht jedoch, dass von nun an fast im gesamten Mittelmeer-Raum, wo das Osmanische Reich Einfluss hatte, etwa der gleiche Tanz-Stil ausgeübt wurde. Dies gilt zumindest für die einheimische gesellschaftliche Schicht, mit der die osmanischen Besatzer verkehrten.

Außerhalb der Türkei hielt sich die Osmanische Herrschaft am längsten im Vorderen Orient. Aus dem Ägypten des 19. Jahrhunderts liegen uns die meisten Berichte europäischer Reisender vor. Sie sind beinahe alle vom Geist der viktorianischen Zeit geprägt - die Wertung des Bauchtanzes ist deshalb überall ähnlich: lasziv und obszön.

Bis auf den heutigen Tag gibt es den Beruf der Solo-Bauchtänzerin in Ägypten. Diese «öffentlichen Tänzerinnen», so genannt, weil sie früher unverschleiert auf öffentlichen Straßen und Plätzen auftraten, zeigten ihre Künste vorwiegend bei Hochzeits- und Beschneidungsfeiern - genau wie es heute noch, übrigens auch in der Türkei, üblich ist. In den arabischen Ländern ist ein Hochzeitsfest ohne Bauchtänzerin undenkbar, wobei freilich die ärmere Bevölkerung nicht tanzen lässt, sondern selbst tanzt.

Berufsmäßige Tänzerinnen waren damals meist «Ghazijeh», weibliche Angehörige des «Ghawazi»-Stammes, die heute vorwiegend in kleineren Orten des Nildeltas, aber auch in Oberägypten leben.

Laut Augenzeugenberichten färbten sie sich ihre Augenlider auf der inneren Seite mit «Khol», einer schwarzen Schminke aus Antimonglanz, und ihre Handflächen und Zehen mit Henna. Von Edward Lane[32], der die Sitten und Gebräuche der Ägypter im letzten Jahrhundert präzise beobachtet und zu Papier gebracht hat, wissen wir, wie sich diese «öffentlichen Tänzerinnen» kleideten (vgl. Abb. S. 46). Es war zumeist eine Kleidung, wie sie die Frauen des Mittelstandes im Frauenteil ihres Hauses, im so genannten «Harim», trugen: ein langes Kleid oder eine kurze Jacke zusammen mit weiten Pumphosen. Bei Privateinladungen von Männern trugen einige von ihnen lediglich die Hosen und dazu eine weit ärmelige, lange Hemdbluse oder ein anderes, ähn-

Arabische Tänzerin beim Säbeltanz in Kairo
aus: Ueber Land und Meer, 1882

lich langes Kleid aus halb durchsichtiger bunter Gaze, vorn im Schritt offen. Lane schreibt:

«Die Ghawazi sind außerordentlich hübsch und die meisten reich gekleidet. Unter ihnen findet man wohl die schönsten Frauen Ägyptens. Viele von ihnen besitzen eine leichte Adlernase, doch sonst ähneln sie den übrigen Frauen des Landes. Frauen wie auch Männer finden Vergnügen an ihren Vorführungen, doch viele Leute der Oberschicht - und gerade die religiös gestimmten - missbilligen sie.»[33]

Manche dieser «öffentlichen» Tänzerinnen hatten einen schlechten Ruf, da sie sich auch als Kurtisanen nebenbei ein Zubrot verdienten. Im Allgemeinen wurden diese Tänzerinnen von Musikern desselben Stammes begleitet; oft gehörten sie zur selben Familie. Sie spielten dabei entweder (s. Abb. S. 212/213) die «Kamandschah» (eine viersaitige Violine) oder die «Rabab» (eine zweisaitige Fiedel) zusammen mit dem «Tar» oder «Daff» (einer einfelligen Rahmentrommel mit Metallschellen) oder die «Darabukka» (eine Tontrommel in Kelchform) zusammen mit der «Zummarah» oder «Mizmar» (einer Doppelklarinette). Der «Daff» wurde gewöhnlich von einer Frau gespielt.

Diesen Tanz der Ghawazi, die bisweilen mit den Almeh, den professionellen Tänzerinnen (s. Abb. S. 59) verwechselt werden, hat A. Czerwinski[34] trefflich so geschildert:

«Gewöhnlich bewegen sich die Tänzerinnen zu Anfang im langsamsten, sich mehr schiebenden als schreitenden Gange im Kreis, mit erhobenen Armen, sodass die Handrücken nach oben sehen, die Finger aber voneinander gestreckt sich nach unten senken. Dann beginnen sie, eine der anderen mit springendem Schritte folgend, die Kastagnetten [Zimbeln] aneinander zu schlagen. Wieder stemmen sie die Arme in die Hüften und drehen sich, nicht wirbelnd rasch, sondern langsam um sich selbst, indem sie den Oberleib biegen und wiegen. Die Musik wird schneller, und die ge-

Ghawazi mit Musikern, Kairo
aus: D. Roberts 1856

Arabische Tänzerin,
Zimbeln anlegend

schilderten Bewegungen passen sich ihr an, die Wangen glühen, und die Tänzerinnen beginnen plötzlich, wie mit aneinander gebundenen Füßen, vorwärts zu schreiten oder sich vorwärts zu schieben, während der Oberleib sich stolz vorreckend den Brustkorb in eine heftig zitternde Bewegung versetzt. Dieser allein tanzt jetzt im sphärischen Wirbel. Dann wieder ruht er, sich zurückbeugend, und die Hüften und unteren Gliedmaßen folgen den stürmischen Rhythmen der seltsamen Musik von Fiedel, Hackbrett und Flöte.» *

Anfang Juni 1843 veranlasste die muselmanische Geistlichkeit Mohammed Ali, den Gründer des neuen ägyptischen Herrscherhauses, im Zuge seiner Reformbestrebungen nach europäischem Muster die Prostituierten und die Tänzerinnen von den Straßen Kairos und Unterägyptens zu verbannen. Wer diesem Verbot drei Mal zuwiderhandelte und folglich schon drei Prügelstrafen einstecken musste, wurde kurzerhand nach Oberägypten – 800 km entfernt von Kairo – deportiert, zum Wohl der kleinen koptischen Stadt Isna, die (wie übrigens auch Qena und Assuan) neben einem 5000 Jahre alten Pharaonen-Tempel nun noch eine weitere Touristen-Attraktion zu bieten hatte: Tanz und allerlei andere Unterhaltung.

Hier begegnet uns erstmals ein berühmter Name: Gustave Flaubert. Er besuchte nämlich, wie damals für die gebildeten Stände üblich, Ägypten, nachdem Napoleon dieses Land sozusagen «gesellschaftsfähig» gemacht hatte.

Die Begegnung mit Ägypten sollte für Flauberts Leben und Werk weitreichende Folgen haben.

In seinen Reisebriefen (hier vor allem an seinen Freund, den Schriftsteller Louis Bouilhet), aber auch in seinem Reisetage-

* Beachte die gute Beobachtung der «Drehung im großen Hüftkreis» S. 125f. Auch ist das Prinzip der «Isolation» sehr gut beschrieben – zuerst der Schulter- und dann der Hüftschimmy. Versuche, diese Passage einmal nachzutanzen – sie macht einfach Spaß.

buch beschreibt Flaubert, wie er in Isna, dessen «Attraktion» sich in Europa bereits herumgesprochen hatte, die berühmte Kurtisane und Tänzerin «Kutschuk Hanem» (türkisch: «kleine Prinzessin») zwei Mal besuchte. Diese war eine Zeit lang Mätresse des Enkels von Mohammed Ali gewesen, doch ebenfalls in Ungnade gefallen. Als sie einmal Geld brauchte, hatte sie nämlich seine Geschenke auf dem Basar verkauft. Daraufhin erhielt sie von ihm eigenhändig 100 Stockschläge, bevor sie nach Isna verschifft wurde.

Noch Jahre später schwärmt Flaubert von ihr. Er beschreibt ihren Tanz, der unverkennbar dem Bauchtanz ähnelt[35].

«Beim Tanzen nimmt sie einen braunen, goldgestreiften Schal mit drei an Bändern hängenden Troddeln, den sie sich wie eine Halsbinde um die Hüften bindet. Sie hebt sich bald auf dem einen Fuß, bald auf dem anderen; ein wunderbarer Anblick; ein Fuß bleibt fest auf der Erde, während der andere sich hebt und vor dem Schienbein des ersteren vorüberfährt, das Ganze in einem leichten Hüpfen. Ich habe diesen Tanz auf alten griechischen Vasen gesehen.» *

Diese Nacht vom 6. auf den 7. März 1850 ist – wie angenommen wird – für Flaubert von ausschlaggebender Bedeutung. Man sprach später von epileptischen Anfällen, unter denen er so zu leiden hatte und die 1880 seinem Leben ein Ende setzten![36]

Literarisch wirkt sich dieses Erlebnis mit Kutschuk Hanem, diesem «prächtigen Weibsbild», auf die folgenden Werke Flauberts aus, auf «Salammbô» ebenso wie auf «L'éducation sentimentale» (Zoraide) und «Hérodias».

* Diese Bewegung ähnelt unserer auf S. 138 beschriebenen Bewegung «Hüftwippen mit Zwischenhüpfer»

Flauberts berühmter Novelle «Hérodias» entlehnt Oscar Wilde Motive für seine Dichtung «Salomé», die er 1893 für Sarah Bernhardt, die berühmte französische Schauspielerin zu Ende des 19. Jahrhunderts, schreibt. Diese greift nun Richard Strauss wieder auf, der sich einige Zeit im Nahen Osten aufgehalten hatte, und benutzt sie als Vorlage für das Libretto für seine gleichnamige Oper, das Oscar Wilde schrieb. Und Mary Garden schließlich wird mit ihrem «Tanz der sieben Schleier» aus dieser Oper berühmt.

Wie verbreitet war nun dieser Tanz in den übrigen arabischen Staaten Nord-Afrikas im 19. Jahrhundert?

Nach der französischen Besetzung Algiers im Jahre 1830 kommen auch Angehörige anderer europäischer Staaten in dieses Mittelmeer-Land. Die Zeugnisse, die sie dem Bauchtanz ausstellen, ähneln sich sehr: «lasterhaft», «unzüchtig», «schlüpfrig» usw. Bisweilen fehlen dem Betrachter sogar die Worte: «Die Scenen waren so widerlich, dass ich meine Feder dazu nicht hergeben möchte, sie in ihrer ganzen Nacktheit zu beschreiben.»[37]

Nun, diese «Ekel erregenden Szenen gröbster Sinnlichkeit» konnte man tatsächlich in der Öffentlichkeit sehen, nämlich in Bordellen und Kaffeehäusern. Überspitzt formuliert, hatte die Kolonialmacht in den ersten Jahrzehnten nach der Besetzung des Landes offensichtlich nichts anderes zu tun, als Forts und Bordelle zu errichten. Bordelle hatte es nämlich zuvor in Algerien nicht gegeben. Hier waren jetzt arme Mädchen zu finden, die so Möglichkeiten sahen, durch Tanzen und Prostitution Geld für ihre Familie und für ihre Aussteuer zu verdienen, als dies früher auf den Marktplätzen möglich war. Sie wurden mit Gold- oder Silbermünzen bezahlt, die sie vor allem in ihren Gürtelschmuck einnähten oder auch ihrem Kopf- oder Hals-Schmuck hinzufügten. (Daher stammt übrigens der auch heute noch übliche Bauchtanz-Gürtel aus Münzen.)

Im Jahre 1835 schreibt ein Algerien-Reisender[38]:

«Lag vorher viel Poesie in dem, was die Gebärden der Schönen andeuteten, so tritt nun eine nicht zu beschreibende Schamlosigkeit an ihre Stelle. Mit dieser wahrhaft unerhörten Scene, in welcher die Natur bis zum Ekel nachgeahmt wird, schließt sich diese in der That höchst eigenthümliche Darstellung.»

Im Folgenden kommt ein Verfasser zu Wort, der zwar auch Schwierigkeiten hat, diesen Bauchtanz zu verstehen, der sich aber doch um Verständnis bemüht[39]:

«Die Bekleidung der vier Tänzerinnen unterlasse ich zu beschreiben; es sei dir genug, dass Tricots hier nicht gebräuchlich sind. Der Tanz, obwohl eigenthümlich, verdient diese Benennung kaum, da auf den wollüstigen Bewegungen des Unterkörpers die ganze Kunst beruht und an ein graziöses Tragen der Büste nicht gedacht wird. Die schleichenden Pas und die ungraziösen Schwingungen, die jede Tänzerin mit zweien Schleiern ausführt [s. Abb. auf S. 51]*, können den Europäer nicht befriedigen, da er Besseres der Art sah. Der Tanz ist national, mit dem Volksleben innig verbunden, und daher ist das Bekritteln desselben eine Ungerechtigkeit!»*

Der folgende Autor spricht ein wichtiges Merkmal des Bauchtanzes an, nämlich die «bewegungslose Art zu tanzen», die er zu Recht als Gegensatz zu unseren raumdurchquerenden Bein-Tänzen erkennt.

Freiherrn von Maltzan, der sich längere Zeit in Algerien und Marokko aufgehalten hatte, merkt man in seinem langen, aber sehr kurzweiligen Reisebericht das Bemühen an, Land und Leute wirklich zu verstehen. Dies wird deutlich, als er den arabischen Tanz «Nbitsa» in Algier sieht und schreibt, er besäße trotz seines erotischen, wenn auch ernst und edel gehaltenen Charakters unstreitig einen entschieden künstlerischen Gehalt. Doch den in diesem Zusammenhang so wichtigen Begriff «Bauch» wagt er nicht in den Mund zu nehmen und umschreibt ihn jedes Mal. Treffsicher dagegen erkennt er das Prinzip der binnenkörperlichen Bewegungen[40]:

«Es war ein seltsames Tanzen. Ja, konnte man so etwas Tanzen nennen? Kein Europäer würde ihm diesen Namen gegeben haben. Sie standen aufrecht da und bewegten die Füße so gut wie gar nicht. Die Bewegung begann erst in der Höhe der Knöchel und pflanzte sich, je höher sie stieg, desto lebhafter und immer lebhafter fort bis zu dem Punkte, wo sie ihren Paroxismus erreichte. Dann nahm sie wieder ab, der Kopf war beinahe ruhig, wie die Füße ruhig waren. Die Bewegungen fanden zwischen diesen beiden Polen statt und waren am weitesten von ihnen am heftigsten. Ja, sie wurden bald so heftig, dass die wahnsinnigste Aufregung

Arabisches Fest in der Nähe Algiers, Tanz mit zwei Schleiern
Lithographie aus: Le Charivari (ca. 1845)

sich der Tanzenden zu bemächtigen schien. Ihre Augen sprühten Funken, ihrem Mund entflog es wie brennende Seufzer, die Wangen waren wie im Fieber geröthet. Eine letzte heftige, wilde Bewegung; ein Ringen mit der Gewalt des Taumels, der sich ihrer zu bemächtigen drohte; ein sanftes Hinschmachten; ein nochmaliges Auflodern, ein zweites Hinschmachten und die Tanzende sank, wie vom süßen Paroxismus der Wollust besiegt, auf die schwellenden Polster am Boden nieder.»

Bald wurde es der Obrigkeit zu bunt: Auch in Algier wird der Bauchtanz vom französischen Gouverneur «aus Sittlichkeitsrücksichten streng untersagt». So kann man ihn nur noch in den vorgeschobenen Garnisonsstädten am Sahara-Atlas bewundern, nämlich in Bou Saada wie auch in Biskra, das Ende des vorigen Jahrhunderts für das französische Militär das «Paris der Sahara» wird, obwohl auch hier das Tanzen nach 9 Uhr abends verboten ist. In den Cafés wird er hier von jungen Frauen des Stammes der Ouled Nail vorgeführt, die besonders dafür bekannt sind, dass sie durch Tanz und Prostitution zum Lebensunterhalt ihrer Familien in den kargen Bergdörfern beitragen (vgl. Abb. S. 53):

«Aber was für ein Tanzen! Die Nbitsa, die ich in Algier gesehen hatte, war Ruhe, ihre leidenschaftlichen Bewegungen waren Eis gegen diese *Beweglichkeit,* dieses *Feuer. Wie bei der Nbitsa, so fing auch hier die Bewegung erst oberhalb der Füße an und pflanzte sich von da an in aufsteigender Linie fort bis zu der Stelle, wo sie ihren Gipfelpunkt erreichte; dann nahm sie wieder ab, wurde sanfter und sanfter, und um Brust und Kopf spielte nur noch ein kaum merkliches Zittern. Aber wie viel heftiger als bei der Nbitsa waren diese Paroxismen! Wie viel leidenschaftlicher waren diese Gebärden! Mit solcher Wut, mit solchem bacchantinischem Wahnsinn drehten und wanden diese Mädchen ihre zarten Leiber, dass man zu glauben versucht war, sie wollten aus sich selbst herausbüpfen: Gleichsam als fänden sie diese irdische Hülle zu zart*

und zu schwächlich, um noch länger den Vulcan ihrer glühenden Triebe und Gefühle darin beherbergen zu können!»[41]

So weit die Zitate einiger Reisender.

Doch gerade hier in Nordafrika gibt es lebendige Zeugnisse dafür, dass dieser Tanz als eine Art Geburtstanz oder Geburtsritual noch heute bei verschiedenen Völkern des arabischen Raumes, so in Marokko und Saudi-Arabien und auch in Schwarzafrika (vgl. S. 23 ff.), praktiziert wird.

Tänzerin der Ouled Nail, Algerien
aus: W. Kobelt 1885

Über das Geschehen vor und nach der Geburt gibt es in der deutschen Literatur eine recht anschauliche Schilderung von Inge Prior, die die persönlichen Erlebnisse von «Morocco», einer in den USA lebenden Tänzerin, bei einem Berber-Stamm Marokkos wiedergibt:

Das zu erwartende Baby wird in einem Zelt außerhalb des Dorfes unter ganz intensiver Anteilnahme weiblicher Verwandter und guter Bekannter der Gebärenden über einen Zeitraum von einem oder mehreren Tagen singend «auf die Welt getanzt»:

«Die Frauen formten um die werdende Mutter herum mehrere Kreise. Sie sangen mit leisen, sanften Stimmen und machten wellenförmige Bewegungen mit ihrem Bauch. Dann zogen sie ihn mehrere Male ruckartig nach innen. Nach einigen Minuten erhob sich die Schwangere und machte die Bewegungen mit. Dann ließ sie sich wieder nieder. So ging das mehrere Stunden. Dann plötzlich ein kurzes, heftiges Keuchen, ein leiser, dumpfer Aufprall. Sie hob ihr Gewand, und da lag ein Baby im Loch, das eigens für die Aufnahme des Neugeborenen hergerichtet worden war. Sie hielt ihre Hand hoch, als wolle sie sagen, es sei noch nicht vorbei. 15 Minuten später ein zweiter dumpfer Aufprall: Es waren Zwillingsjungen. Eine Anwesende klärt die Besucherin auf: ‹Wir imitieren die natürlichen Bewegungen. In gewisser Weise haben wir die Gebärende hypnotisiert, sodass sie gar nicht anders konnte als mitzutanzen.› Diese schönen, sanften Schwingungen also waren die natürlichen Bewegungen von Wehen und Geburt, die uns unsere Gesellschaft durch religiöse Propaganda und medizinische Manöver längst ausgetrieben hat.»[42]

Hier hat der Bauchtanz eine soziale Funktion, und es ist verständlich, dass von den heutigen Frauen, die sich mehr und mehr ihrer Körperlichkeit stolz bewusst werden, dieser Tanz als *ihr* Tanz apostrophiert wird:

«Er hat mit Schöpfung zu tun, mit Hegen und Geburt. Er ist ein Ausdruck von Leidenschaft und Energie, von Stolz auf die Fülle der weiblichen Form.»[43]

Dass gerade ein solcher Tanz, oder besser seine Relikte, durch die Kolonialmächte in den Nachtklubs der ganzen Welt als sexueller Animiertanz Eingang fand, scheint fast paradox!

So können wir uns gut vorstellen, wie sehr gerade das viktorianisch-puritanische Publikum Nordamerikas geschockt gewesen sein muss, als zum ersten Mal in seiner Geschichte vier arabische Bauchtänzerinnen in der Neuen Welt auftraten.

Der Bauchtanz in der westlichen Welt

1893 fand aus Anlass des 400. Jahrestages der Entdeckung Amerikas durch Christoph Columbus die Columbische Weltausstellung in Chicago statt. Hier feierten nicht allein die neuen Anwendungsmöglichkeiten der jungen Elektrotechnik («das Interessanteste der Ausstellung») wahre Triumphe, sondern auch «Little Egypt» und ihre Tänzerinnen, die in Etablissements an der «Kairo-Straße» auftraten.

Diese «Cairo Street», deren Kuppeln und Minarette bereits von weitem auszumachen waren, hatte man bereits vier Jahre zuvor, während der Weltausstellung in Paris, bewundern können. Damals hatten ägyptische Geschäftsleute ein solch glänzendes Geschäft damit gemacht, dass sie sie Stück für Stück mit Sack und Pack, mit Fellachen und Ghawazi, mit Eseln und Kamelen nach Chicago transportierten.

Eine ähnliche Idee hatte auch Sol Bloom, ein junger Mann von 19 Jahren, der später in den USA ein bekannter Kongressabgeordneter werden sollte. Ihm hatte das «Algerische Dorf» in Paris besonders gut gefallen, das die Franzosen lebensecht mit Barbieren, Bäckern, Schuhmachern, Teppich-Händlern, Straßen-

Schreibern, Akrobaten, Schwertschluckern, Musikanten und Bauchtänzerinnen aufgebaut hatten. Sol Bloom war so begeistert, dass er für einige Tausend Dollar die exklusiven Ausstellungsrechte dieser Gruppe erwarb und sie auf die Weltausstellung in Chicago brachte.

Der Korrespondent des «Illustrirten Familienblattes – die Gartenlaube», Rudolf Gronau, schreibt in einem seiner Briefe von der Weltausstellung im Jahre 1893[44]:

«Eine merkwürdigere Straße als diese sogenannte Midway Plaisance, einen reichhaltigeren Völkerjahrmarkt, ein buntfarbigeres, tolleres und abenteuerlicheres Leben hat es sicherlich nie gegeben.»

«Little Egypt», alias Farida Mahzar, die in Wirklichkeit Syrerin war, und ihre syrischen Begleiterinnen kamen anfänglich mit

Ägyptische Tänzerinnen auf der Weltausstellung in Chicago 1893 aus: J. Salimpour 1980

ihren Bauchtänzen beim amerikanischen Publikum nicht besonders gut an, denn die «amerikanischen Normen des Jahres 1893, nach denen Frauen, Korsetts und Steifheit Synonyme waren»[45], ließen es nicht zu, dass dieser neue Tanz weite Verbreitung fand. Die Tänzerinnen waren jedoch, «als man erst einmal auf den Geschmack gekommen war», als Attraktion dieser Show ständig von Schaulustigen umlagert. 1910 wurde der Bauchtanz sogar als Schleiertanz in «Salome» (Mary Garden tanzte ihn) in der Oper Chicagos aufgeführt, bald aber, trotz einiger guter (wie z. B. Ruth S. Denis, Mary Garden und auch Catherine Devine), wohl aber wegen der Vielzahl miserabler Nachahmerinnen wieder von der Opernbühne Chicagos verbannt. In Varietés und auf Tingeltangelbühnen fristete er nun ein mehr oder weniger kümmerliches Dasein.

Ähnliche Schwierigkeiten wie in den USA hatte der Bauchtanz in jener Zeit auch in Europa: So wollte die Sängerin der Salome, die Wagner-Heroine Marie Wittich, ihre Rolle während der Proben an der Dresdner Oper 1905 zurückgeben: «Das tue ich nicht – ich bin eine anständige Frau!» – und sie ließ sich bei dem «anstößigen Tanz der sieben Schleier» von der Ballerina Sidonie Korb vertreten.

Zur Definition des Begriffs «Bauchtanz» sei noch angemerkt: 1880 hat Zola den Begriff «danse du ventre» in seinem Roman «Nana» kreiert, der in Chicago dann folgerichtig mit «belly dance» übersetzt worden war.

Arabisch heißt der Bauchtanz schlicht «raqs scharqi», «Orientalischer Tanz». Bereits 1899 ist der Begriff «Bauchtanz» auch in der deutschen wissenschaftlichen Literatur zu finden.[46] Dagegen ist im englischen «The Oxford English Dictionary» auch 1933 dieser Terminus noch nicht vertreten.

Am Ende unserer Wanderung durch die Jahrtausende – ausgehend von den kultischen Fruchtbarkeits-Tänzen des steinzeitlichen Afrika und des früh-pharaonischen Ägypten über die sinnlichen Schautänze des Neuen Ägyptischen Reiches bis zu den sexuell-erotischen Reiztänzen des römischen Cadiz und den ekstatisch-bacchantischen Tänzen Nordafrikas – sind wir nun im 20. Jahrhundert angekommen. Heute kennen wir eine Vielzahl unterschiedlicher Tanzstile, die alle unter dem Begriff «Bauchtanz» zusammengefasst werden können, da sie alle ihre Wurzeln in den Fruchtbarkeits-Ritualen haben. Der Bauchtanz ist ein Improvisationstanz, und jede Frau entwickelt mit der Zeit für sie typische Körper-Bewegungen, ihren eigenen Tanz-Stil. So sind Tänzerinnen wie Nagua Fuad und Suheir Saki bereits durch ihre Bewegungen zu identifizieren, bevor man ihr Gesicht überhaupt erkennen kann.

Welche Bedeutung hat der Orientalische Tanz heute für arabische Tänzerinnen, für ihr eigenes Leben und für ihr Land?

2. *Orientalischer Tanz im heutigen Ägypten*

Almeh (Sängerin) und Ghawazi (Tänzerin) in Ägypten; aus: A. Czerwinski 1879.

In allen arabischen Ländern wird getanzt, im Stil unterschiedlich, aber mit der gleichen Begeisterung.
Warum nun gerade die in Ägypten ausgeübte Form des Orientalischen* Tanzes in anderen arabischen Ländern trotz einer vorhandenen eigenständigen Folklore vielfach nachgeahmt wird, liegt einerseits in der Bedeutung Ägyptens als «Herz der arabischen Nation». Denn Ägypten ist schon von seiner Geschichte her das einflussreichste arabische Land, hat außerdem die meisten Einwohner und liegt zentral. So ist der Einfluss Ägyptens auf die anderen Länder auch insbesondere auf vielen Gebieten der Kultur spürbar: Musik-Kompositionen aus Kairo, z. B. von Ab-

* So genannt, um ihn von den Bauchtänzen Indiens und Schwarzafrikas abzugrenzen.

del Wahab, Lieder der inzwischen verstorbenen, überaus verehrten Sängerin Um Kalsum* und des Sängers Farid El-Atrache sind in allen arabischen Ländern vom Golf bis an die marokkanische Küste bekannt und beliebt. Auch die Theater-, Film- und Fernseh-Produktionen aus Kairo überschwemmen die übrigen arabisch sprechenden Länder und sind bei der dortigen Bevölkerung sehr beliebt. Die Gründe für diese Beeinflussung haben historische Wurzeln:

Bereits während des Niedergangs des Kalifats der Abbasiden von Bagdad nahm Ägypten in der Fatimidenzeit im 10. Jahrhundert eine zentrale Bedeutung für den islamischen Raum ein. Zu Beginn des 19. Jahrhunderts sorgte Mohammed Ali, der Gründer des neuen ägyptischen Herrscherhauses, für eine Erneuerung der feudalen Herrschaftsstruktur. Von ihm stammt auch die Idee eines arabischen Großreiches unter Einschluss Iraks und Syriens. Eine wichtige Rolle bei der Entstehung eines übergreifenden arabischen Identitätsgefühls spielte in der neueren Zeit Gamal Abdel Nasser mit seinem panarabischen Führungsanspruch.

Bezeichnenderweise waren es Frauen aus Ägypten, die unter Führung von Hoda Sharawi und Ceza Nebarawi 1923 als erste Araberinnen den Schleier abnahmen und 1929 die erste ägyptische Frauenzeitschrift gründeten. So nimmt es nicht wunder, dass Ägypten auch bei dem Medium «Tanz» eine führende Rolle bei der Suche nach einer eigenen Identität einnahm und heute noch einnimmt.

Früher wurde zumeist in Gruppen getanzt und zwar zusammen mit Musikern, die tanzen, oder Tänzern, die Musik machen konnten. In den Dreißiger- und Vierzigerjahren machten die ersten Solotänzerinnen von sich reden, so z. B. Schafia Al-Koptie, die durch ihren Leuchter-Tanz berühmt wurde, und später auch Tahia Carioca.

* Um Kalsum bint Ibrahim, geb. vor 1900, gest. 1975, hat den heute volkstümlichen Stil der ägyptisch-arabischen Kunstmusik entscheidend beeinflusst.

Tahia Carioca, heute [1983] etwa 60 Jahre alt, erzählte uns, dass sie 1940 die Erste war, die aus der Gruppe ausbrach und einen Solotanz auf einer Theaterbühne aufführte. Sie berichtete:

«Ich hatte aber nicht den Mut, einen solchen Versuch zu Hause in Ägypten zu unternehmen, sondern ich wartete dazu einen Besuch in der Türkei ab. Dort war man begeistert. Ich hatte eine gute Presse, und diese Vorschusslorbeeren verhalfen mir dann auch daheim zu einem Erfolg.»

Andere taten es ihr gleich, so z. B. Naima Akef und Samia Gamal. In den Fünfziger- und Anfang der Sechzigerjahre hatten u. a. Hoda Shams-Eddin, Yasmin und Nahet Sabry viel Erfolg, um nur einige zu nennen. Tahia Carioca spielte im Laufe der Jahre tanzend und singend die Hauptrolle in zahlreichen Filmen, die sie in der gesamten arabischen Welt bekannt machten. Heute besitzt sie ein eigenes Film- und Theater-Studio und beschäftigt sich mit der Ausbildung von jungen Tänzerinnen. Sie wurde ein Vorbild für viele berühmte Tänzerinnen, so auch für Suheir Saki.

Heute sind es vor allem zwei Namen, die den Orientalischen Tanz in der arabischen Welt repräsentieren: Nagua Fuad und Suheir Saki. Während Nagua Fuad (Abb. S. 63) in ihrem Bemühen, künstlerisch neue Wege zu finden, auch westliche Elemente in ihren Tanz integriert, pflegt Suheir Saki (Abb. S. 64) ganz bewusst die Tradition des echten Orientalischen Bauchtanzes. Ihren Stil würde ich als würdevoll, in sich selbst ruhend, beschreiben, getragen von einer ernsthaften Fröhlichkeit.

Ich habe Suheir Saki auf einer Hochzeitsfeier kennen gelernt. Als ich in einem Video-Geschäft einen Film von ihr kaufen wollte und dem Verkäufer erklärte, dass wir in der Bundesrepublik Orientalischen Bauchtanz machten und uns deshalb für Suheir Saki interessierten, fragte er: «Möchten Sie sie heute Abend in natura tanzen sehen und kennen lernen?» Ich, ungläubig: «Ja, wo denn?» «Nun, mein Chef feiert heute Abend im Hotel Sheraton seine Hochzeit, und Suheir wird dort tanzen. Ich werde mit ihm sprechen, und ihr werdet seine Gäste sein.» So einfach war das. Wieder so eine 1001-Nacht-Geschichte, die einem gerade im Orient passieren kann.

Am Abend fanden wir uns dann auf einer prachtvoll arrangierten orientalischen Hochzeit wieder, die im Gegensatz zu unseren stillen, bescheidenen Familienfeiern ein fast öffentliches Freudenfest ist. Trotz der etwa 300–400 Anwesenden herrschte eine familiäre, geschwätzige, fast folkloristische Atmosphäre. Das Spektakel begann. Gaukler, Witzeerzähler, Sänger und Sängerinnen wechselten einander pausenlos ab. Ich wartete ungeduldig auf Suheir Saki und fürchtete schon, dass sie vielleicht doch nicht kommen, irgendwie verhindert sein könnte. Denn auch das ist Orient: Sicher ist gar nichts, aber alles ist möglich. Als endlich mehrere Stapel Stühle hereingetragen wurden, bedeutete mir unser Begleiter: Hierauf werden gleich die Musiker von Suheir Saki Platz nehmen. Ich zählte 14 Stühle. Donnerwetter, dachte ich, sie ernährt 14 Familien mit ihrem Tanz.

Endlich erschien sie, mit wehendem Schleier, schreitend, tänzelnd kam sie herein. Kornblumenblaues Kostüm, lange schwarze Haare. Als ihr Tanz seinen Höhepunkt in einem Solo zweier Trommler erreichte und sie dazu die raffiniertesten Schimmy-Variationen ausführte, da wusste ich: Das war es, was du sehen wolltest, was du gesucht hast. Während ich noch ganz verzückt dasaß, steuerte sie plötzlich auf mich zu, fasste mit ihren beiden Händen mein Gesicht, zog mich hoch und sagte auf Arabisch zu mir: Komm, meine Schwester, tanze mit mir! Oh Gott, dachte ich, bestimmt hat dieses Schlitzohr von Begleiter etwas verlauten lassen. Eine Spielverderberin wollte ich jedenfalls nicht sein, so musste ich also wohl oder übel mit ihr tanzen. Eine ungeheure Gaudi für die Zuschauer – verständlicherweise. Eine blonde «Bauchtänzerin» aus Deutschland im Land des Bauchtanzes zusammen mit ihrer «arabischen Gazelle», wie Suheir Saki liebevoll von ihren Landsleuten genannt wird.

Ja, das war meine erste Begegnung mit Suheir. Später lernte ich auch ihre ungewöhnlich liebenswerte Familie kennen, ihre Eltern, die heute sehr stolz auf ihre Tochter sind, aber anfangs ziemliche Schwierigkeiten mit dem Berufswunsch ihrer Tochter hatten: «Besonders mein Vater war absolut dagegen», erzählte Suheir. «Mit etwa acht Jahren fing ich an zu tanzen. Wie du weißt, tun das fast alle kleinen Mädchen bei uns. Ich tanzte aber nicht nur auf Festen oder in der Familie, sondern schon sehr früh für mich allein. Öffentlich aufgetreten bin ich zum ersten Mal auf einer Hochzeit, als ich zwölf Jahre alt war. Von da an nähte ich mir die ersten eigenen Kostüme und übte fast täglich. Ich wollte den Tanz zu einer Kunst machen und habe in diesen Jahren sehr hart gearbeitet, um mich zu vervollkommnen. Der große Durchbruch kam 1962, als ich meinen ersten Fernsehauftritt

Nagua Fuad, Kairo 1982

hatte. Ich wurde als das ‹Mädchen mit dem langen Haar› bekannt, denn ich trug damals noch mein hüftlanges Haar und unterschied mich so von den anderen Tänzerinnen, die meist Perücken trugen.»

Danach befragt, warum sie tanze, antwortete sie mit dem gleichen, ein wenig entrückt-leuchtenden Blick, den sie auch manchmal beim Tanzen hat: «Ich tanze, damit die Menschen sich freuen, damit sie glücklich sind, wie ich es bin, wenn ich tanze. – Übrigens bin ich im Grunde nicht verwundert, dass amerikanische und europäische Frauen Bauchtanz machen, denn sie suchen und sehnen sich nach etwas, was sie von innen heraus froh macht. Deshalb glaube ich auch nicht, dass diese Bewegung nur eine oberflächliche Modeerscheinung bleiben wird, die von der nächsten Welle hinweggeschwemmt wird. Ich denke, dass sich

Suheir Saki, Kairo 1981. (Fotos: Bildarchiv J. Rieche)

die Orientalische Tanzbewegung in Europa eher noch verstärken wird, denn unser Tanz lebt aus den Gefühlen und Herzen der Menschen, und diese sind zeitlos. Was meine Tournee durch Deutschland im Oktober/November 1983 anbelangt, so muss ich gestehen, dass ich mich darauf sehr freue. Ich will mir große Mühe geben und alles tun, damit sie ein Erfolg wird. Meine arabischen Landsleute werden mich – genau wie bei meiner Rundreise durch die USA – sicher kräftig unterstützen und zahlreich anwesend sein.»

Dem Orientalischen Tanz eine folkloristische Bühne, ein Forum verschafft zu haben – 80 Prozent unserer Folklore ist Bauchtanz, so Mahmoud Reda –, dieses Verdienst gebührt ihm, dem Gründer des staatlichen Folklore-Ensembles Ägyptens. Das heißt, die staatliche Anerkennung kam erst sehr viel später. Die Gründung dieser Folklore-Gruppe geschah Ende der Fünfzigerjahre aus rein privater Initiative. Von Mahmoud Reda – heute [1983] Mitte fünfzig – schwärmt seine Primaballerina Farida Fahmi:

«Ein Mann, wie ihn das Leben nur alle paar Jahrzehnte hervorbringt, so beseelt von seiner Vision, so talentiert, sprudelnd aus einer schier nie versiegenden Quelle der Phantasie – mein Lehrer, mein Partner, mein Chef ...»

Ihre Aussage machte mich noch begieriger, ihn kennen zu lernen, und meine Befürchtungen, dass ihre Schilderung zu subjektiv gewesen sein könnte, bewahrheiteten sich nicht.

Mahmoud Reda ist von einer umwerfenden, natürlichen Offenheit. Er weiß, dass er Großes geschaffen hat, und absolviert dabei doch in seiner selbstverständlichen Bescheidenheit das tägliche Training mit seinen Tanzschülerinnen und -schülern, kümmert sich auch noch um ihre verlorenen Turnschuhe und plant gleichzeitig die nächste Tournee um die Welt.

Mahmoud stammt aus einer künstlerisch ambitionierten Familie; sein Bruder war ebenfalls Tänzer. Er selbst trat schon in jungen Jahren in Clubs auf, wo er «Vermischtes» aus Lateinamerika, Europa und dem Orient vorführte. Auf Wunsch seines Vaters schloss er jedoch sein Studium an der Hochschule für Handel ab.

«Mein ‹Schlüsselerlebnis› hatte ich 1954 in Kairo», erzählte Mahmoud, «als eine argentinische Folkloregruppe bei uns zu Gast war. Warum sollte man nicht so etwas auch für Ägypten schaffen können? Ich wurde engagiert, reiste mit dieser Gruppe einige Monate umher und lernte in dieser Zeit sehr viel. Von der Geburt dieser Idee bis zur ersten Vorstellung im August 1959 sollten jedoch noch fünf Jahre vergehen. In dieser Zeit lernte ich Farida Fahmi kennen, die sich von meiner Begeisterung für diese neue Idee anstecken ließ, und mit Hilfe der tatkräftigen geistigen und finanziellen Unterstützung von Faridas einflussreichem Vater überstanden wir die schwere Anfangszeit.»

Farida fuhr fort: «Wir alle lebten und arbeiteten in jener Zeit in dem Bewusstsein, etwas Großes, etwas Historisches für unser Land zu tun. Dieses Wissen beflügelte uns und half uns über so manche Schwierigkeiten hinweg. Komisch», fuhr sie fort, «schon als 6-jähriges Kind sagte ich zu meiner Mutter: Mama, wenn ich groß bin, werde ich eine berühmte Tänzerin werden und dir einen Cadillac kaufen! Und wenn ich heute zurückdenke an die vergangenen Jahrzehnte, dann mit einem zufriedenen und glücklichen Gefühl im Herzen. Meine Botschaft habe ich hinausgetragen, und sie hat sich erfüllt. Meine Botschaft, die darin bestand, den Tanz in Ägypten zu einer respektablen Lebensäußerung für jede Frau zu machen. In der Vergangenheit nämlich war öffentliches Tanzen und Musizieren nur einem bestimmten, gesellschaftlich nicht sehr angesehenen Stamm, den Ghawazis, vorbehalten, deren Frauen sich z.T. prostituierten. Später wurde für die Angehörigen der Kolonialmacht getanzt; der Tanz wurde zu einem billigen Amüsement. Aufgrund dieser belastenden Zusammenhänge war es für ein Mädchen aus gutem Hause unmöglich, öffentlich aufzutreten und zu tanzen, wollte sie nicht ihren guten Ruf verlieren. Diesbezüglich hat sich beim Volk ein

Meinungswandel vollzogen. Es hat begriffen, dass Tanz eine Kunst ist, die jedes talentierte Mädchen ausüben kann, sei es nun die Tochter eines Bauern oder einer angesehenen Familie. – Neulich hatte ich z.B. eine Autopanne und musste in ein Taxi umsteigen. Der Fahrer fixierte mich durch den Rückspiegel, drehte sich dann um und fragte: Sind Sie vielleicht die Schwester von Farida Fahmi? Nein, ich bin Farida. Da hielt er seinen Wagen an, rief zu Allah und bedankte sich bei ihm für die Gnade, dass er mich zu seinem Wagen gelenkt habe, denn von nun an, so glaubte er, werde Gottes Segen auf seinem Taxi ruhen. – Über dieses Erlebnis habe ich mich natürlich sehr gefreut, denn es hat mir gezeigt, dass das Volk unsere Arbeit verinnerlicht hat und sich damit identifiziert.»

Demgegenüber steht ein anderes Erlebnis Mahmoud Redas mit einem Taxifahrer vor etwa 20 Jahren, das er in seinem Buch «Im

Farida Fahmi und Teil des Mahmoud Reda-Ensembles, Kairo 1981

Tempel des Tanzes» («Fi ma'abat el raqs») beschreibt: Als ihn Mahmoud fragt: «Würdest du deiner Tochter erlauben, Tänzerin zu werden?», antwortete er: «Eher würde ich sie schlachten.»

Mahmoud reiste in den ersten Jahren mit einigen seiner Schüler durch Ägypten bis tief in den Süden, um an Ort und Stelle die Musik, die Lieder und die Tänze des Volkes zu studieren. Sie ließen sich inspirieren, filmten und machten Tonaufnahmen. Dabei wurden sie auch mit dem Problem der Authentizität konfrontiert. Ist ein Tanz noch authentisch, wenn man ihn neu choreographiert, ihn umformt, auf der Bühne tanzt?

Mahmoud dazu:

«Wir können natürlich nicht einen Tanz genauso, wie er auf dem Dorfplatz getanzt wird, auf die Bühne bringen. Wichtig ist es, die Stimmung des Tanzes zu erfassen, sie muss durch meine Seele ‹gewandert› sein, bevor ich sie für die Bühne umsetzen kann. Die Bühne selbst ist groß, sie muss durchquert werden, der Tanz muss in eine Form gebracht werden. Was auf keinen Fall dabei verloren gehen darf, ist seine Ursprünglichkeit. Die muss immer zu spüren sein. Aber auch unsere Tänzer sind Ägypter, so wie jene Bauern, die uns inspiriert hatten. Von daher haben wir es bis jetzt immer geschafft, dass beim Umsetzen der Tänze nichts Gewolltes und Hölzernes herausgekommen ist, sondern zumeist ‹Tanz-Kunst›. Aber die Quelle ist das Volk.»

Wir hätten den Eindruck, so erklärte ich Mahmoud, dass in seine Choreographien sehr viele Ballett-, d. h. westliche Elemente aufgenommen worden seien, und fragte ihn nach dem Grund. Mahmoud:

«Ursprünglich wurde der Orientalische Tanz eng bewegt auf kleinstem Raum getanzt. Doch wir müssen mit unseren 30 Tänzern große Bühnenflächen durchmessen, und hierfür ist es unerlässlich, schöne und kunstvolle Schrittkombinationen zu erfinden. Warum sollten wir dafür nicht auch einige Ballett-Anleihen machen? Ballett ist international, und weshalb sollten wir es nicht auch für unsere Zwecke umsetzen können? Ich habe hierfür eigene Schrittkombinationen für Frauen und Männer entwickelt, wobei die der Frauen bei weitem mehr Bauchtanz-Elemente enthalten als jene der Männer.

Was den Inhalt unserer Tänze angeht, so steht er im Gegensatz zu der rein abstrakten Idee des Tanzes, die ihre Erfüllung allein in der ästhetischen Bewegung sieht. Wir tanzen zumeist Geschichten, die sich im täglichen Leben abspielen, auf keinen Fall aber irgendwelche problematischen Auseinandersetzungen auf der Bühne. Die Geschichte muss so einfach wie möglich sein, damit sie für jedermann verständlich ist.»

Das ägyptische staatliche Folklore-Ensemble, auch «Reda-Truppe» genannt, besteht heute aus etwa 100 Musikern, Sängern und Tänzern, von denen 60 fest angestellt sind. Sie waren Teilnehmer zahlreicher Folklore-Festivals in aller Welt und Gewinner zahlreicher Preise. Inzwischen haben sich noch zwei weitere Folklore-Gruppen in Ägypten gebildet. Auch in anderen arabischen Staaten entstanden und entstehen Folklore-Ensembles, um das nationale, kulturelle Erbe zu pflegen.

In Ägypten wird also heute Orientalischer Tanz vielfach durch Folklore-Gruppen dargeboten, aber auch von Einzeltänzerinnen mit einem Life-Orchester als Begleitung. Das Können ist gerade auf diesem Gebiet sehr unterschiedlich. Eigenartigerweise findet man wenig Mittelklasse-Tänzerinnen; es gibt einige sehr gute und viele schlechte. Bauchtanz-Schulen in unserem Sinne gibt es nicht. Das Talent ist darauf angewiesen, seinen eigenen Weg zu finden.

Ich stimme mit Mahmoud überein, wenn er unterstreicht, dass erst die persönliche Ausstrahlung zusammen mit einer gut beherrschten Technik eine gute Tänzerin ausmacht, wobei das Wesentliche die Ausstrahlung ist. Solche Tanz-Persönlichkeiten sind – genau wie bei uns – naturgemäß selten.

3. Orientalischer Tanz im Westen – sein Missverständnis und seine vielfältige Bedeutung

Als Anfang der Sechzigerjahre in Kalifornien die ersten «Belly Dance-Studios» eröffnet wurden, z.T. von amerikanischen Berufstänzern, die im Orient selbst mit dem Bauchtanz in Berührung gekommen waren (wie z.B. von dem hier in der Bundesrepublik Deutschland bekannten Bert Baladine), wurde er zum ersten Mal auch in der westlichen Welt bekannt. Angehörige arabischer Einwandererfamilien in den USA sahen ihre Stunde gekommen und nahmen ihre Chance wahr. Konnten sie meist auch keine spezifische oder pädagogische Tanzausbildung vorweisen, so besaßen sie ihrer Meinung nach die «Authentizität» und konnten von sich behaupten, diesen Orientalischen Tanz sozusagen «mit der Muttermilch eingesogen zu haben».

Diese «Orientalischen Tanzstudios» breiteten sich in der Folgezeit unaufhörlich und stetig nach Osten hin aus: Heute gibt es allein in New York 44 Bauchtanz-Schulen. Das «Bauchtanz-Fieber» erfasste fast alle Schichten, angefangen von den Hausfrauen bis hin zu den Intellektuellen.

Wie war es möglich, dass dieser Tanz einen solchen Siegeszug durch Nordamerika antreten konnte?

Ich meine, dass hier einerseits – um es positiv auszudrücken – die große Aufgeschlossenheit der Amerikaner für alles Neue und «Noch-nie-Dagewesene» eine Rolle spielte, außerdem eine damit verknüpfte «Heilserwartung» und schließlich eine gewisse Simplifizierung der Dinge: Der Bauchtanz wurde als *das* Mittel angepriesen, den Mann zu gewinnen und zu halten, nachdem das neue Make-up, die neue Frisur und die teure Behandlung im Schlankheitsstudio nichts genützt hatten. «The very sexy exercise»! Tanze Bauch und dein Mann bleibt zu Hause! Hüftschwung gegen Partnerkrise. So einfach war das.

Andererseits gab es noch ein ganz wichtiges Argument: Tanze Bauch – denn alle Welt tut's auch! Es war «in», und um selbst «in» zu sein, musste man es auch tun. In den Fünfzigerjahren war es z. B. der Hula, ein hawaiischer Tanz, den man beherrschen musste, um «in» zu sein.

Zeitweise stürmten 150–200 Frauen die Wochenend-Bauchtanz-Seminare, die in Turnhallen von Schulen und Universitäten stattfanden. Dennoch muss man auch hier differenzieren. Auch in den USA gab und gibt es Frauen, für die der Bauchtanz etwas anderes war als nur ein Mittel zur Erreichung bestimmter, auf Männer bezogener Ziele. Eine bekannte Ausnahme ist so z. B. «Morocco», eine Frau mit feministischem Anspruch, die in New York ein eigenes Tanzstudio unterhält, s. S. 54.

Seit einigen Jahren kann man auch an bekannten amerikanischen Hochschulen Kurse in Orientalischem Tanz belegen. Nagua Fuad überzeugte sich in Washington persönlich davon und war sehr beeindruckt. Das gibt es in Ägypten nicht – Bauchtanz als Lehrfach an einer Universität!

Es war nur eine Frage der Zeit, bis die «Bauchtanz-Welle» auch die Bundesrepublik Deutschland erreichte. Zum einen brachten ihn deutsche Frauen aus den USA mit, die dort gelebt und gearbeitet hatten; zum anderen verbreiteten ihn hier die weiblichen Angehörigen der amerikanischen Streitkräfte. Auch bei uns fand er aus ganz unterschiedlichen Motiven Anhängerinnen; einige sahen in ihm ein Vehikel zur Erreichung bestimmter auf Männer fixierter Ziele, aber er fand auch Anhängerinnen bei der westdeutschen Frauenbewegung, fand Eingang in Frauenbildungsstätten, in (feministische) Frauengesundheitszentren, alternative Schulungseinrichtungen und Frauenprojekte.

Wie war das möglich? Wie konnte ein Tanz, dem das Image eines orientalischen Striptease anhaftete, dessen Name allein schon schlüpfrige Unanständigkeit auszudrücken schien und der nach der gängigen Meinung ein «Anmach-Tanz» mit eindeutig sexuellem Aufforderungscharakter ist, gerade bei jungen selbstbewussten Frauen, die sich wahrlich nicht als Lustobjekte für Männer verstanden, einen solchen Erfolg haben?

Nun, auch hier spielen mehrere Faktoren eine Rolle. Der Bauchtanz kam in einer Zeit nach Westdeutschland, in der man der Methode überdrüssig wurde, immer alles nur über den Kopf erfassen zu wollen, wo Langeweile und Leere sich breit machten aufgrund der herrschenden Überbewertung von Rationalität und Logik. Der Körper hatte nur zu parieren und zu funktionieren, sozusagen als Unterbau des dominanten, vernunftbetonten Gehirns. Unbehagen machte sich breit, man empfand schmerzlich eine Disharmonie. Etwas war verloren gegangen. Das ging Frauen und Männern gleichermaßen so. Doch die Frauen waren in einer besonderen Situation:

Sie waren dabei, sich mühsam aus den Fesseln der Abhängigkeit zu lösen. Doch was nun? Was tun mit der so schwer errungenen Freiheit? Sollte sie uns nicht auch Freude und Lust bringen? Die inneren Verkrampfungen und Schmerzen wichen aber nicht automatisch und nicht proportional zum wachsenden emanzipatorischen Bewusstsein. Viele Frauen fühlten, was ihnen fehlt, nämlich vor allem der Mut zur Lust, der Mut zur Freude am eigenen Körper. Lust wurde zwar propagiert, aber nicht ihre eigene; die Körperlichkeit in der Werbung vermarktet, aber nicht zu ihrem eigenen Vergnügen.

So fanden zunächst einige wenige Frauen zum Bauchtanz als einer Methode der Selbsterfahrung. Sie fingen an zu experimentieren und merkten, dass es ihnen gut tat, etwas für das Gleichgewicht zwischen Geist und Körper, Kopf und Bauch zu tun. Sie aktivierten nicht nur brachliegende Muskeln, sondern auch Gefühle und begannen langsam, mehr aus dem «Bauchraum» heraus zu fühlen, wobei sich bei manchen auch eine wohltuende Wirkung auf ihr Allgemeinbefinden einstellte.

Weshalb konnte kein anderer Tanz diese Wirkung auslösen? Viele hatten es vorher schon mit Ballett, Jazztanz oder westlichen Volkstänzen versucht. Nun, unsere westlichen Tänze sind zum größten Teil Bein-Tänze. Die Bewegung kommt nicht – wie beim Bauchtanz – aus der Mitte des Leibes. Du kannst mit deinen Beinen wunderschöne Schritte machen, großräumig übers Parkett wirbeln. Doch so elegant manche Bein-Tänze auch sein mögen und so viel Spaß sie auch machen, sie sind doch nicht in der Lage, tiefer liegenden, verkrusteten Gefühlen zum Ausdruck zu verhelfen. Besonders deutlich wird dies beim klassischen Ballett mit seinem streng vorgeschriebenen, manchmal fast militärisch anmutenden Schritt- und Bewegungsschema, das von *außen* angeordnet ist. Im Gegensatz dazu ist der Bauchtanz ein Improvisationstanz, der uns öffnet zu einer Spontaneität von *innen* heraus.

Die Frauen fühlten, dass dies *ihr* eigentlicher Tanz war. Dass er eine Hilfe sein könnte bei der Wiederbelebung ihrer verkrüppelten Weiblichkeit und bei der Suche nach einer weiblichen Identität. Wie bei keinem anderen Tanz hatten sie hier die Möglichkeit, sich ihrer eigenen, oft unterdrückten Erotik und Sinnlichkeit bewusst zu werden und diese auch auszutanzen. Sie lernten, Becken und Hüften in einer Art zu bewegen, die bislang in unserer Kultur als unanständig und obszön galt und folglich nicht gesellschaftsfähig war. Doch sie fanden, dass gerade diese natur- und erdverbundenen Bewegungen ungeheuren Spaß machten, und tanzten gegen die ihnen bisher vorgegebenen Bewegungsnormen an.

Nicht allen fällt es aus verständlichen Gründen gleichermaßen leicht, jahrhundertelang in Köpfen und Körpern festsitzende einengende Bewegungsschemata abzustreifen. Einige brauchen länger dazu, andere schaffen es in kürzerer Zeit. Ist diese Grenze aber erst einmal überschritten, dann wird man feststellen, dass sich die Mühe gelohnt hat und dass es wunderbar ist, mit seiner Weiblichkeit spielen zu dürfen, seinen Körper geschmeidiger zu machen, sich loslassen zu können, locker zu werden und seine Verkrampfungen zu verlieren.

Der Bauchtanz kommt zudem noch etwas anderem entgegen, nämlich dem Wunsch nach gemeinsamem Erleben mit anderen Frauen. Es ist ungeheuer wohltuend, Freude und Lust an unserer Körperlichkeit miteinander zu teilen. Dies fällt den jahrhundertelang auf Konkurrenz getrimmten Frauen - immer schöner, immer besser und immer toller zu sein als die andere - verständlicherweise nicht leicht. Sehr deutlich war dies in meiner ersten (amerikanischen) Gruppe zu spüren. Ich erinnere mich z. B., dass ein paar Frauen nur sehr zögernd gewisse Quellen für Bauchtanz-Utensilien verraten wollten, während eine andere einen gewissen Trick mit dem Schleier nicht vormachen wollte. Tanzten sie vor, so war dies ein verkrampfter, ja fast peinlicher Leistungswettbewerb. Man sagte einander wenig Ermunterndes, kritisierte sich aber umso heftiger. Ähnlich lief es im Unterricht ab. Ständig wies die Lehrerin darauf hin, was falsch war. Aber es war nicht ersichtlich, wie man es denn nun eigentlich richtig machen sollte. Das frustrierte viele Frauen und machte sie ängstlich.

In seiner ursprünglichen Form und Bedeutung schafft der Bauchtanz Intimität zwischen Frauen wie sonst kein anderer Tanz. Man öffnet sich einander und zeigt, wie erotisch, wie geschmeidig, wie wild und überschäumend man sich bewegen kann. Das erregt Bewunderung, doch auch Neid. Während arabische Frauen beim gemeinsamen Tanzen aufgrund ihrer andersartigen Beziehungen gut damit umgehen können - meist gehören sie der gleichen groß-verwandtschaftlichen Sippe an und haben von daher ein vertrautes Verhältnis zueinander - und diesen Tanz als ihren ureigensten Spaß betrachten, bei dem Männer nichts verloren haben, ja diese «verdichtete» Atmosphäre geradezu suchen, müssen unsere Frauen erst lernen, damit umzugehen. Wir müssen lernen, auch zu sagen, wenn wir den Tanz einer anderen schön finden und weshalb; aber auch, was sie vielleicht noch verbessern könnte. Dies setzt jedoch gegenseitiges Vertrauen voraus, das eine schwesterliche Atmosphäre schafft, in der dann wiederum auch vieles andere wachsen und gedeihen kann.

In unserer Gruppe sind wir heute so weit, dass die Frauen einander helfen können. Hat z. B. eine trotz mehrfacher Erklärungen den Bewegungsablauf einer Tanzfigur nicht verstanden, geht eine andere zu ihr hin und macht ihr die Bewegung vor, indem sie sich von ihr z. B. an die Hüften fassen lässt. Oft «blitzt» es bei solchem Körperkontakt auf, und die Frau versteht jetzt ganz plötzlich, wie die Figur gemeint ist und worum es geht. Hierbei habe ich gelernt, dass es nicht nur Geistes-, sondern auch Körperblitze gibt!

Wir müssen unser weibliches Konkurrenzdenken ablegen, um zu schwesterlicher Solidarität zu kommen. Dass dies nicht einfach ist, haben wir erfahren, aber auch, dass es nicht unmöglich ist. Ganz so leicht lassen sich eben jahrhundertealte Denkmuster nicht abstreifen.

Für manche Frauen ist der Bauchtanz auch ein Medium, mit dessen Hilfe sie ein vielleicht zuletzt in ihrer Kindheit erfülltes Bedürfnis wieder befriedigen können – nämlich in eine andere Haut zu schlüpfen. Einige tun das jedes Jahr programmiert zur Karnevalszeit. Aber nicht jede ist ein Faschingsfan. Beim Orientalischen Tanz kannst du eine geheimnisvolle Prinzessin sein, ein tänzelndes Bauernmädchen, das vom Brunnen einen Krug Wasser holt, oder, wenn du willst, auch eine verführerische Tempeltänzerin. Perlenbestickte Chiffon-Röcke, schimmernde, weite Pumphosen, mit Glitzersteinen bestickte BHs, mit Ketten und Münzen behängte, klimpernde Gürtel, mit Gold- und Silberborten sowie Pailletten verzierte Schleier und leuchtende Farben sind die Mittel, um diese Wünsche auszuleben. Phantasie und Kreativität sind keine Grenzen gesetzt. Ich entsinne mich, noch nie so viel entzückte Schreie gehört zu haben wie beim Anblick eines neuen, selbst gemachten BHs, den eine Frau in den Unterricht mitbrachte. Dieser war mit Perlen und Strasssteinen übersät, die in allen Farben glitzerten, und die angehefteten Ketten und Perlenschnüre rasselten leise bei jeder Bewegung. Unserem uralten Schmucktrieb, den wir in Jeans und Pulli nicht gerade ausleben können, können wir beim Orientalischen Tanz voll frönen. Selbst Frauen ohne großes handwerkliches Talent bringen oft erstaunliche Kreationen zustande, da sie sich hier an keine einengenden Normen halten müssen.

Auch bei jenen Frauen löst der Bauchtanz ein «Aha-Erlebnis» (Das könnte was für mich sein!) aus, denen es trotz jahrelanger mühsamer Diäten nicht gelang, eine Twiggy-Figur zu bekommen oder die es von vornherein ablehnten, sich an diesem Kampf um Gramm und Pfunde zu beteiligen. Ein paar Pfund zu viel schaden beim Orientalischen Tanz gar nichts. Im Gegenteil: Was sollte man denn beim Schimmy schütteln? (Klappern sollten nur Münzen und Ketten!) Das heißt wiederum nicht, dass sich sehr schlanke Frauen nicht zum Bauchtanz eignen, sie bestechen oft durch ihre gelenkige Beweglichkeit. Es bedeutet lediglich, dass du für diesen Tanz keine besonderen Schlankheitsnormen erfüllen musst. Auch existiert keine Altersgrenze. Die beiden berühmtesten Tänzerinnen Ägyptens, Suheir Saki und Nagua Fuad, sind beide um die vierzig [1983]. An Schönheit, Elastizität, Energie und Geschmeidigkeit stehen sie den jungen ägyptischen Tänzerinnen in nichts nach. Hinzu kommt noch die starke Ausstrahlung einer reifen Frau, die beide klug und souverän einsetzen.

Der Orientalische Tanz ist eben kein zarter, niedlicher, jungmädchenhafter Tanz. Auch in seinen langsamen Passagen vibriert er von Erotik, und in seinen schnellen, durch die Trommel akzentuierten Teilen ist er ein Ventil unserer weiblichen Energie, unserer Aktivität und Leidenschaft: lockend, kommunikativ oder aggressiv. Energie und Aggressivität wurden in der Vergangenheit meist nur als männliche Attribute verstanden. Gerade beim Orientalischen Tanz spürt die Frau – und wird sich dessen mehr und mehr bewusst –, dass dies auch weibliche Eigenschaften sind, die tief in uns vergraben sind. Beim «Nach-oben-Holen» und beim Ausdrücken dieser Gefühle können wir ahnen, wie Frauen in urzeitlichen matriarchalischen Kulturen miteinander getanzt haben mögen, so, wie es arabische Frauen

z. T. noch heute tun. Ich habe manches Mal erlebt, dass beim gemeinsamen Tanzen mit Frauen Kräfte frei werden, die eine fast magische Atmosphäre entstehen ließen, die uns stärken und mit tiefer Freude erfüllen kann.

Zurück vom Mystischen zum Profanen: Auch der rein körperliche Effekt sollte erwähnt werden. Die Auswirkung der kontinuierlichen körperlichen Übungen und Bewegungen auf das allgemeine Wohlbefinden ist nicht zu unterschätzen. Man fühlt sich einfach wohl, «wenn man etwas für sich getan hat», wenn die Muskeln trainiert und gut durchblutet sind. Diesen Effekt erzielen wir sicher auch durch andere körperliche Betätigungen, durch Gymnastik, Karate, Jazztanz oder Jogging. Beim Bauchtanz werden aber insbesondere die Muskeln des Bauch- und Beckenbereiches aktiviert; du lernst, ungenutzte und untrainierte Muskeln wieder zu beherrschen. Gleichzeitig – und ich glaube, das ist der wesentliche Unterschied zu anderen Tänzen – entstehen durch diese anfangs rein körperliche Aktivierung von Muskeln und Gelenken Gefühle, die tief verschüttet waren und nun zum Vorschein kommen. Die Frauen lernen, diese umzusetzen und tanzend auszudrücken. Ich meine, dass die emotionale Erlebensmöglichkeit des «Ganz-innen-bei-sich-selbst-Seins» in Wehmut und Trauer im Wechsel mit dem «Ganz-außer-sich-Sein», das besondere Wesen des Orientalischen Tanzes ausmacht. So eröffnet das Erlernen dieses Tanzes den Frauen Dimensionen, die ihnen bis dahin nicht zugänglich waren.

Du musst dich allerdings auf ein Abenteuer mit dir selbst einlassen. Kein leichtes Unterfangen, das wirst du feststellen. In bitteren Momenten wirst du an die Grenzen deiner eigenen Möglichkeiten stoßen, sie durch mühsame Anstrengungen zu erweitern versuchen. Dann wirst du aber auch auf den Schwingen eines überschäumenden Lebensgefühls getragen, eines Gefühls, das du selbst in deinem Bauch produzierst und das von innen heraus deinem Körper entströmt.

Dafür lohnt es sich zu tanzen.

4. *Wie ich zum Orientalischen Tanz kam*

Zum ersten Mal bin ich mit dem Orientalischen Tanz vor ca. 13 Jahren im Nahen Osten in Berührung gekommen, als ich dort einige Jahre mit meinem Mann verbrachte. Da wir anfangs noch keine eigene Wohnung hatten, lebten wir bei seinen Verwandten. Wenn dann die große Familie am Abend zusammensaß und ein bestimmtes Lied – zumeist von dem bekannten und beliebten Sänger Abdel Halim Hafez* – ertönte, schrie plötzlich alles wie wild nach einem Schal oder Tuch. Und so begriff ich sehr früh: Ohne Schal ging überhaupt nichts. Er wurde der Tänzerin oder dem Tänzer (irgendein Familienmitglied, das es gerade «gepackt» hatte) um die Hüften geschlungen – und los ging's. Der Schal betonte die rhythmischen Bewegungen des Beckens, und die Fransen vibrierten lustig mit.

Mir gefiel diese völlig andere Art zu tanzen; man konnte es allein tun, zu zweit oder in Gruppen, und man brauchte keinen besonderen Anlass. Aber immer war man ein Teil des Ganzen, die Gruppe saß um den Tanzenden herum, feuerte ihn an und gab ihm den Rhythmus durch Händeklatschen. Im Freien, z. B. bei einem «seran» (Picknick), genügte ein umgestülpter Topf oder Eimer als «Tabla» (Trommel).

Diese Spontaneität war ganz nach meinem Herzen. So versuchte ich auch bald mitzumachen. Was für ein Spaß für die ganze Familie – die «Alemaniye» tanzte! Schwierigkeiten mit der arabischen Musik hatte ich nie – sie gefiel mir von Anfang an, obwohl ich mich natürlich nicht sofort mit Um Kalsum anfreunden konnte –, das kam erst später. Ich bin sicher, dass meine ersten Hüftschwünge und Armbewegungen sehr ungelenk ausgesehen haben müssen. Aber man freute sich, dass ich überhaupt mitmachte, dass ich mich als Fremde, die gerade anfing, ihre

* Ägyptischer Sänger, gestorben 1978

Sprache zu erlernen, nicht ausschloss – im Gegenteil, dass ich Spaß an ihrer Musik und Unterhaltung fand.

Ein Freund von uns hatte während seines Studiums in Kairo eine Ägypterin geheiratet und mit nach Damaskus gebracht. Wenn sie aufstand und tanzte, hörte ich fast auf zu atmen. Sie «wogte» förmlich von unten nach oben und von oben nach unten. Die syrischen Frauen kannten diese wellenförmigen Bewegungen des Körpers nicht. Ihr Tanz war reizend und anmutig, doch diese Erdverbundenheit, die diese Ägypterin ausstrahlte, besaßen sie nicht. Über diesen Tanzstil wollte ich gerne mehr erfahren. Aber es sollten noch Jahre vergehen, bis ich mit dem ägyptischen Bauchtanz in Berührung kam.

Einige Jahre nach unserer Rückkehr nach Deutschland hörte ich eines Tages eine Durchsage im AFN, dass es in einem «Recreation Center» eine «Belly Dance Class» gäbe, die noch Frauen zum Mitmachen suche. Ich traute zuerst meinen Ohren nicht. Bauchtanz-Unterricht in Deutschland und dazu noch in einer amerikanischen Kaserne? Aus lauter Neugier meldete ich mich noch am gleichen Tage an und kam aus dem Staunen nicht mehr heraus. Ich erlebte Frauen in Hula-Röckchen oder in Bikinis, die sich nach Liedern, deren Worte sie nicht verstanden, so technisch perfekt wie möglich zu bewegen versuchten. Irgendwelche Emotionen, die gerade den arabischen Tanz ausmachten, waren überhaupt nicht spürbar. Es war schon ein irres Gefühl für mich, einen Teil arabischer Kultur, der in einem Jet um den Erdball gereist schien, hier in Europa – sozusagen auf dem Rückweg – wieder anzutreffen.

Wenn ich mich dann an die ausgelassenen, warmen, überquellenden Feste mit arabischen Frauen erinnerte, konnte mir schon das heulende Elend kommen. Aber ich rief mich sozusagen innerlich zur Ordnung und sagte mir: Du bist hier, um etwas zu lernen – das ist keine Party, sondern eine Unterrichtsstunde. Auch die Technik ist wichtig. Diese habe ich mir dann im Laufe der Jahre von amerikanischen Bauchtanzlehrerinnen

Arabisches Familienfest.
Tusche-Zeichnung von Burhan Karkutli, 1983

angeeignet. Übrigens traf ich in dieser Zeit nur eine einzige Amerikanerin, bei der Emotion und Technik eine ausgewogene Einheit bildeten.

Vor einigen Jahren tanzte ich auf einem Fest mit einer deutschen Frau, von der ich zu meiner Freude erfuhr, dass es bereits eine deutsche Bauchtanz-Gruppe in Frankfurt gäbe, deren Lehrerin sie war. Sie fragte mich auch gleich, ob ich bereit wäre, ihre Klasse zu übernehmen, denn sie ginge nun für einige Zeit in die USA.

So kam ich selbst zum Unterrichten. Ich lernte neue Frauen kennen, die den Tanz nicht allein als «physical exercise» oder reine Körpererfahrungstechnik verstanden, sondern die, auch durch mich, auf den lustvollen Aspekt des Bauchtanzes aufmerksam wurden. Wir gründeten die Gruppe ARABESKA, die handgestickte Trachten und Kaftane aus Nordafrika und dem Nahen Osten aus meiner Sammlung vorführte. Wir studierten auch Orientalische Tänze zu zweit und zu viert ein und führten sie im Rahmen von ganz unterschiedlichen Veranstaltungen vor.

Dies war eine Gelegenheit, den Tanz als Teil seines kulturellen Umfeldes kennen zu lernen. In diesen Zusammenhang gehört auch die erste gemeinsame «Studien-Reise» deutscher Bauchtanz-Frauen nach Kairo, die ich im Frühjahr 1982 organisierte, um konkret zu erleben, in welchem kulturellen Kontext dieser Tanz steht, wie er dort verstanden wird und wie man mit ihm umgeht.

Je länger ich tanze, desto mehr komme ich zu dem Schluss, dass für mich persönlich das Tanzen bedeutet, Kraft, Energie oder auch Freude - aus meinem Bauch heraus - an andere Menschen weiterzugeben. Es ist für mich ungeheuer schön zu erleben, wie diese geballte, leidenschaftliche, weibliche Kraft ankommt und welche Wirkung sie auf die Menschen hat. Ich gebe jedes Mal alles und kann mir folglich nicht sagen, diese Veranstaltung ist heute nicht so wichtig - da kann ich etwas sparsamer mit mir umgehen.

Eine gute orientalische Tänzerin ist für mich nicht mit einer Schauspielerin zu vergleichen. Sie spielt keine Rolle, sie tanzt jedes Mal sich selbst und gibt jedes Mal sich selbst. Das ist meine Intention. Und für mich gibt es nichts Schöneres als jene ungeheure Herausforderung, die der Orientalische Tanz für mich besitzt, anzunehmen, zu verarbeiten und weiterzugeben.

5. Persönliche Erfahrungen anderer Frauen mit dem Bauchtanz

Mein beschwerlicher Weg zum Bauchtanz
Helga Kraus

Wie kam es, dass ich anfing, Bauch zu tanzen? Warum gerade dieser Tanz? Ich muss ein wenig ausholen, wenn ich diesen Fragen nachgehen will.

Probleme mit der Figur habe ich seit der Pubertät gehabt. Ich fand mich fast immer zu dick und verabscheute die Speckrollen, die über die engen Jeans quollen, versuchte durch krampfhaftes Baucheinziehen dem unförmigen Leib etwas Form zu geben. Das ging auf Kosten der Grazie und Entspanntheit. Mit eingezogenem Bauch und dadurch leicht gekrümmtem Rücken ist man eben nur verspannt.

Nachdem verschiedenste Abmagerungskuren keinen dauernden Erfolg gebracht hatten, versuchte ich es mit Sport. Ich wollte meinen Körper durchtrainieren und zugleich entspannen, wollte abnehmen und besser aussehen. Verschiedenste Disziplinen schienen Möglichkeiten zu bieten, dieses Ziel zu erreichen.

Ich begann mit dem mir nächstliegenden und angenehmsten – dem Schwimmen. Einen Monat lang ging ich, sehr unterstützt von meinem Freund, jeden Morgen vor dem Frühstück eine Stunde schwimmen, durchmaß Bahn um Bahn, meistens alleine, verbissen, immer wieder auf die Uhr schauend, ob die Stunde nicht bald um sei. Zu Hause belohnte ich mich für diese glorreiche Tat mit einem ausgedehnten Frühstück. Mit der Zeit reduzierte ich dieses Training, ging nur noch drei Mal die Woche, schloss dem Schwimmen aber ein paar Übungen im Kraftraum an, um besonders die Bauchmuskeln zu stählen. Schließlich ging ich nur noch ein Mal die Woche, versuchte dann, meine

Schwester zu animieren mitzugehen. Wir schwätzten viel und planschten, sodass das Schwimmen schließlich mehr zu einem Frauentreffen wurde als zu einer sportlichen Betätigung.

Nebenbei hatte ich meine sportlichen Aktivitäten mehr auf Waldlauf verlagert und eine Weile – wie schon mal – jeden Morgen etwas für die Fitness getan. Fünfzehn Minuten Laufen – anschließend Gymnastikübungen in der winterlichen Morgensonne. Das Laufen bot für mich außerdem die Möglichkeit, meinem Freund Sparringspartner zu sein. Wir liefen um Seen, wir liefen im Wald, trabten Straßen und Feldwege entlang. Er meistens etwas vorneweg, mich zu mehr Leistung anfeuernd, zwischendurch Pause und hoch, runter, hoch, runter und weiter. Er zügelte sich, damit ich nicht völlig frustriert hinterherhinkte. Da die Kommunikation beim Dauerlauf doch problematisch war und über mehr oder weniger aggressives Gehechele nicht hinausging, stellten wir diese Übungen bald wieder ein. Noch einige Male trabte ich allein durchs taufrische Gras und besann mich meines Bedürfnisses nach Entspannung.

Was lag näher als Yoga? Zum Glück hatte ich eine Bekannte, die gerade Kurse gab und der ich mich anvertrauen konnte. Eine kleine Gruppe, nette Leute, gute Übungen. Gut atmen, Ruhe, anspannen – entspannen. Ruhig die anderen wahrnehmen, anspannen – entspannen, auch die Männer wahrnehmen, anspannen – entspannen. Die Lehrerin trug einen lila Gymnastikanzug, hatte dicke, bunt geringelte Strickstrümpfe an. Das gefiel mir. Sie war nicht dünn und gefiel mir trotzdem – nanu? Ein Mann gefiel mir auch – ich ihm nicht. Entspannung klemmte, und dann klemmte es mit den Terminen. Die Lehrerin konnte nur vormittags, für mich unpassend zwischen Vorlesungen und in einem Haus mitten in der Stadt, nicht in Uninähe. Schlimmer wurde das noch, als Prüfungen bevorstanden und der Tag möglichst nicht «zerrissen» werden sollte, als die Vergnügungen abends stattfinden mussten – Ende.

Aber: Dranbleiben am Körper, zeitlich günstige Veranstaltungen suchen. Die gibt es in Uninähe jedes Semester wieder im Sportinstitut. Für die tagsüber fleißigen Studenten und Uniangehörigen wird dort abends ab 18 Uhr ein vielfältiges Programm angeboten. Mittwochabends ist allgemeine Gymnastik mit Rockmusik im Hintergrund. Das gefiel mir: Bewegung und Musik. Dreißig und mehr Leute laufen im Kreis, rennen, werden langsamer, strecken, beugen, strecken, beugen, rückwärts laufen, vorwärts, hinsetzen, beugen, strecken, Partner suchen, schaukeln, wippen, aufstehen, rennen, bis alle schwitzen und außer Atem sind. Ich fand das ganz o. k., schämte mich aber manchmal auch, wenn mein Busen beim Laufen wippte, wenn ich eine Übung nicht konnte, wenn man an meinem roten Kopf die mangelnde Kondition sah. Beim anschließenden Schwimmen fand ich die Männer so aufdringlich, also nächstes Mal kein Schwimmen mehr, nur noch Gymnastik, aber da waren auch so viele Männer, und der Leiter sah so gut aus – Scheiße –, schon wieder verkrampft, Hemmungen hinzugehen, lieber was mit Frauen ...

Was lag näher als Jazztanz? Spiegelsaal, sehr viele Frauen, ein paar Männer, alle in Reih und Glied vor dem Spiegel und ganz vorne die Lehrerin schlank, schwarzhaarig. Sie genoss ihren Anblick im Spiegel, bewegte sich spielerisch. Um mich herum Frauen, die zum Teil schon mehrere Kurse mitgemacht hatten. Ich fühlte mich plump und elend. Das hielt ich nur drei Stunden durch. Zu weit schien mir der Weg zwischen meinen Fähigkeiten und denen derjenigen, die ich mir als Maßstab aussuchte.

Vielleicht sollte ich es in einer ganz normalen Tanzschule versuchen? «Jazztanz für Anfänger» – Hoffnung, dass sich die bezahlte Lehrerin individuell um die Einzelnen bemüht. Anmeldung im Tanzstudio in der Innenstadt. Enge Treppen hoch zu engen, stickigen Räumen. Viele Frauen im Umkleideraum zusammengepfercht, ein Tanzraum, in dem man ständig aneinander stieß, Frauen, die mir sehr anders vorkamen, zu denen ich schwer Kontakt fand. Eine Dusche für alle, anziehen, gehen. Das war es nicht. Ich wollte doch etwas anderes. Aber was?

Erst mal zurück zum Männersport, aber mit einer Freundin. Ein Mal die Woche Karate. Wieder im Spiegelsaal – jetzt mehr Männer, einige Frauen, weiße Anzüge, Gürtel. Die Gymnastik war mir wichtig. Hart, schnell, lockern, gut dehnen, Muskeltraining. Die Kampfübungen machten mir zu Beginn auch Spaß. Immer wieder die gleiche Übung. Ich bekam ein Gefühl dafür, wie es ist, sich auf einen Bewegungsablauf einzulassen, sich in eine Bewegung einzufühlen, eins zu sein mit dieser Bewegung. Partnerwahl riss mich aus dem Eintauchen. Zweikampf, wenn auch stilisiert, machte mich wütend, und schließlich machte mich der kleine, zähe, drahtige Trainer wütend, der erwartete, dass man mehrmals wöchentlich trainierte, die Karatebegrüßung zu Beginn der Stunde einklagte und alle im genau gleichen Dress sehen wollte. Außerdem, dieser Umstand, so weit rauszufahren nur wegen Karate. Ich ging, meine Freundin auch.

Am besten mache ich Frühsport, oder soll ich Fahrrad fahren? Die Frage nach der nächsten «Sportart» löste sich dann auf andere Weise.

Wir wohnten damals zu viert – vier Frauen. Gemeinsames Studium, Wohnungsorganisation und sonst? Gemeinsame Discobesuche waren schwierig – zu direkt die Konkurrenz. Also nahmen wir an einem Bioenergetik-Kurs teil. Das war entspannend, gut für den Körper. Wieder mal bewusst atmen, fühlen. Die Gruppe ist gemischt, der Leiter ein Mann. Ein Sommersemester lang schaffen wir es, gemeinsam frühmorgens zu diesem Kurs zu gehen. Den Leiter und andere Teilnehmer laden wir mal zum Essen ein. Die Sache endet, alles zu verkrampft, zu schwierig. Im nächsten Semester beginnen Prüfungsvorbereitungen. Der Kurstermin ist ungünstig. Pause. Die Körper liegen brach. Die Prüfung hat uns.

Und dann Bauchtanz?

Als alles vorbei ist, wird eine von uns auf eine Anzeige im Pflasterstrand aufmerksam: «Bauchtanz für Anfänger». Ob wir anderen auch Lust haben? Wir wollen gemeinsam ausprobieren.

Im Herbst soll es losgehen – in einem Raum eines allgemeinen Gesundheitszentrums.

Ich bin skeptisch, zurückhaltend, distanziert, will aber nicht abseits stehen, will mitmachen, will etwas mit meinen Freundinnen gemeinsam machen, will sehen, was das ist.

Zehn Frauen in einem kleinen Raum mit Teppichboden, die Lehrerin, nicht viel älter als wir, groß, schön, Pumphosen, Bikinioberteil, ein Tuch um die Hüften geschlungen. Die Teilnehmerinnen fast alle in sportlicher Kleidung, gespannt abwartend.

Wir beginnen mit Atemübungen, Entspannung. Erst mal ankommen, zu mir kommen, meinen Körper durchspüren, in den Bauch atmen, die Hüften spüren, das Becken. Es dauert sehr lange, bis wir es wagen, unsere Becken beim Einatmen nach hinten, beim Ausatmen fest nach vorne zu schnicken, und es dauert noch länger, bis wir das gemeinsam mit lautem, genüsslichem Stöhnen wagen.

Die Vorübungen werden sehr ausgiebig gemacht, dann erst beginnen die Tanzübungen, erste isolierte Übungen. Zentral ist die Haltung: Aufrecht, erhobenen Kopfes mit ausgebreiteten Armen – «stolze Königinnen». Geht das? Ein Raum voller Königinnen? Ist da nicht doch eine stolzer, am stolzesten? Ich schaue die anderen nicht an, blicke an die Wand oder zur Lehrerin.

Die Hüften und der Bauch kreisen. Weich in den Knien, fest stehen und kreisen. Leicht und elegant fließen die Hüften der Lehrerin. Es ist schwer. Meine Kreise sind nicht rund, nicht leicht. Die erhobenen Arme werden lahm. Genug für heute. Was ein Glück. Nächste Woche wieder.

Vor jeder Stunde bin ich innerlich sehr verschlossen, möchte manchmal lieber zu Hause bleiben, weiß nicht genau, warum. Die anderen gehen, ich gehe mit. Aufgeben, das will ich nicht.

Mühsam üben wir, die einzelnen Körperteile isoliert und bewusst zu bewegen, dabei immer auf die Haltung achtend. Im Hintergrund scheppert arabische Musik.

Die Vorübungen tun mir sehr gut. Nach den Stunden fühle

ich mich mit meinen Freundinnen meistens wohl. Der Kontakt zu den anderen Frauen ist schwach. Wenn wir in der Stunde miteinander tanzen sollen, bin ich sehr verkrampft. Wie geht das, mit einer Frau, die ich nicht kenne, Bauch zu tanzen? Merkt sie, wie verklemmt ich mich fühle? Sieht sie, dass ich die Acht noch nicht richtig kann? Sie kommt viel tiefer runter beim In-die-Knie-Kreisen als ich.

Wir können wieder alleine weitermachen. Aufatmen. Was heißt alleine? Wir sehen und werden gesehen. In der Mitte die schöne Lehrerin, die vorsichtig auf Fehler hinweist. Jeder Hinweis eine schwere Kränkung.

Am schönsten sind die einfachen Hüftkreise, die gehen jetzt schon, die Armschlangen und die Bodenübungen. Liegend bin ich geschützter. Da ist jede mehr mit sich selbst beschäftigt, man sieht sich nicht so genau.

Was könnte man denn sehen? – Dicke Bäuche, dünne Bäuche, weiße Körper, gebräunte Körper, eckige Bewegungen, runde – und immer der Vergleich mit mir selbst.

Meinen ganzen Bauch zeige ich noch nicht. Hartnäckig trage ich Shorts und ein Bikinioberteil. Andere haben schon Pumphosen, bunte Röcke, Tücher dazu, sie lassen den Bauch bis zur Hüfte frei. Ich zeige meinen Nabel nicht.

Wir üben Schimmies, Hüftschütteln, ganz schnell. Das bedeutet Loslassen – wie schwer. Mir tut der Magen weh, dort, wo der Solarplexus ist. Ob das jemals anders wird? Die Lehrerin geht weg nach Amerika, um weiterzulernen. Wieder mal ein Projekt «Körpererfahrung» zu Ende?

Nein, denn sie hat vorgesorgt. Eine Schülerin aus der Fortgeschrittenengruppe will mit uns weiterüben. Sie wirkt gar nicht so zurückhaltend und stolz, wie ich mir in Anlehnung an die erste Lehrerin alle anderen Bauchtänzerinnen auch vorgestellt habe. Sie ist klein, rundlich, sehr freundlich und offen. Die Vorübungen und Tanzübungen verlaufen wie gehabt, aber es kommt etwas hinzu. Das Tanzen beginnt mir Spaß zu machen, als ich sehe, welchen Spaß sie dabei hat und dass sie ihn mit uns teilen möchte. Sie tanzt auf die Einzelnen zu, tanzt mit, tanzt vor, tanzt mit.

Sie trägt einen wunderschönen dunkellila Tüllrock.

Ich übe jetzt auch bauchfrei. Eine afrikanische Hose habe ich bis zur Hüfte runtergeschoben, ein Tuch drum – sieht ganz anders aus und fühlt sich völlig anders an. O je, jetzt sieht man aber die blöden Streifen in der Taille von den engen Jeans. Ich tanze trotzdem.

Ich beginne, Lieder wieder zu erkennen, habe ein Lieblingslied. Wenn es gespielt wird, kreisen meine Hüften automatisch. Als die erste Lehrerin zurückkommt, sind wir ein wenig traurig. Jetzt wird alles wieder etwas distanzierter, die Übungen werden intensiver durchgeführt, die Gefühle etwas weniger angesprochen. Da hilft auch die anschließende Frage «Wie war's für euch heute?», nicht sehr viel weiter.

Die Gruppe ist inzwischen geschrumpft, viele Frauen kommen unregelmäßig, wenige sind immer da. Einmal bin ich mit einer Freundin alleine, weil die Lehrerin nicht konnte und die anderen dies zum Anlass genommen haben wegzubleiben. Was tun? Wieder nach Hause gehen oder zu zweit tanzen? Hemmungen, Schüchternheit, zarte Versuche. Wir tanzen nebeneinander, miteinander, aufeinander zu – Lust – Stopp.

Heimlich bewundere ich die Frauen aus dem Fortgeschrittenenkursus, die sich schöne Kostüme genäht haben, und schaue nicht so genau hin, als eine aus unserem Kurs auch ein schönes trägt. Für mich ist Bauchtanz immer noch eine sportliche Betätigung, die mir hilft, meinen Körper besser zu spüren. Die Anzeichen dafür, dass es etwas mehr ist, will ich zunächst nicht sehen.

Ein Bauchtanzfest wird angekündigt – ich gehe nicht hin. Noch ein Bauchtanzfest. Nur Frauen, ich gehe hin, tanze, beneide die, die es ungehemmter tun können, habe Lust beim Anblick einer Freundin, lasse mich antörnen, wir tanzen gemeinsam.

Runde Hüften, kreisende Bäuche, bunte Kleider, volle Busen. Das gefällt mir. Ich wundere mich.

Beim nächsten Fest, einige Zeit später, tanze ich selbst sehr lustvoll alleine für mich, zusammen mit einer Freundin und in der großen Gruppe. Ich erinnere mich an Gefühle von früher, als ich als Teenager leidenschaftlich gerne auf unserer Dorfkirmes und auf anderen Festen gemeinsam mit anderen tanzte, und habe das Gefühl, einen großen Schritt vorwärts gemacht zu haben in Bezug auf das gemeinsame Bauchtanzen.

Andere Sachen fallen mir aber immer noch schwer. Eine aus dem Fortgeschrittenenkurs tanzt öffentlich vor. Ich gehe nicht hin.

Wir sollen zu Hause üben. Ich tue es nicht.

Trotzdem bemerke ich, dass mein Bauch fester, straffer geworden ist. Mir fällt auf, dass ich aufrechter gehe. Mein Becken ist weicher.

Unsere Lehrerin verlässt uns, aber wieder ist Ersatz da. Ich bin froh, weil ich unbedingt weitermachen will. Gleichzeitig beschließe ich, mit einer Freundin einen Anfängerkurs zu leiten. Das hilft, mich in jedem Fall weiter und intensiver mit dem Tanz zu beschäftigen. Ich bin mir nicht sicher, ob ich es ohne diesen, von mir selbst geschaffenen äußeren Druck auch machen würde. Diese Angst kam unter anderem dadurch auf, dass eine meiner Freundinnen ausgestiegen war. Kann ich es schaffen dabeizubleiben?

Ich tanze jetzt drei Mal die Woche, zwei Mal mit Anfängern, ein Mal im Fortgeschrittenenkurs mit der neuen Lehrerin. Ihr Körper ist ausladend, die Hüften, der Busen. Sie ist beweglich, ich spüre ihre Energie. Sie versteckt ihren runden Bauch nicht. Sie zeigt ihn, liebt ihn, wohnt in ihrem Körper. Ich bin noch immer mit dem Problem des Abnehmens beschäftigt, wünsche mir weniger Rundungen.

Sie mag mich, sie puscht mich, sie lobt mich. Ich freue mich, mache gute Fortschritte. Ich vermisse die Ruhe bei den Vorübungen. Sie tanzt so, wie sie es mit arabischen Frauen gelernt hat: mit viel Energie und Freude. Wichtig ist das Miteinander. Sie geht weder pädagogisch noch therapeutisch vor.

Aber wir in der Gruppe können nicht so einfach miteinander diese Freude entwickeln. Einige Frauen bleiben weg. Die Gruppe wechselt oft die Besetzung. Die Beziehung zur Lehrerin hilft mir weiterzumachen. Die Gruppe kann sich nicht mehr halten, zersplittert. Eine neue Gruppe formiert sich. Die Frauen, die eher eine therapeutische Lehrerin gesucht haben, bleiben weg.

Mir geht es jetzt um etwas anderes. Ich suche eher den gleichberechtigten Austausch mit anderen Frauen im Tanz. Ich fühle mich inzwischen wohler in meinem Körper und kann mich dem Problem des Mich-Zeigens nähern. In der Gruppe geht es jetzt darum, sich gemeinsam zu zeigen. Sich zu zeigen in der Gruppe und dann auch anderen.

Wir führen tanzend orientalische Trachten vor. Ich trete mit auf, vor vielen Leuten, beim ersten Mal meist Frauen. Ich meine, mich zu zeigen, aber ich verstecke mich auch in den Kleidern.

Das Spektakel des Auftretens ist wunderschön aufregend. Es folgen weitere Veranstaltungen. Die Vorführgruppe strukturiert sich um. Sympathie und Antipathie, unaufgearbeitete Konkurrenz, unterschiedliche Interessen: Einerseits Bauchtanz, um sich selbst zu finden, und andererseits Bauchtanz, um sich zu zeigen. Sind das nicht zwei Seiten des gleichen Prozesses? Ich will eigentlich beides. Ich sehe, wie gut es aussieht, wenn sich runde Hüften im Bauchtanz wiegen, und bekomme einen anderen Blick für meinen Körper. Damit wächst die Lust, mich zu zeigen.

Die Anfängergruppen sind zu Ende. Ich bin froh. Jede Stunde war für mich eine große Anstrengung. Oft hatte ich keine Lust, sondern nur das Gefühl, das muss ich tun, sonst übe ich nicht genug. Ich wusste, dass ich zu Hause noch immer nicht alleine üben würde. Aber ich will darauf hinarbeiten, mich nicht nur durch institutionalisiertes Muss selbst überlisten zu müssen.

Zwischenschritt 1: eine Gruppe von Freundinnen. Ohne Lehrerin wollen wir wöchentlich einmal zu einem festen Termin zusammenkommen und uns entspannen und tanzen. Es gelingt nur schwer. Wir kommen zwar zusammen, aber wir treffen uns nicht. Jede tanzt vor sich hin, Angst, die andere zu sehen, die es vielleicht doch besser kann. Angst vor dem Blickkontakt. Zusammen tanzen bedeutet so viel, bringt nah, könnte auch Lust bringen – nein, lieber nicht.

Konflikte auf anderen Ebenen machen das gemeinsame Tanzen schließlich fast unmöglich. Wir lassen es.

Zwischenschritt 2: die Zweiersituation. Mit einer Frau aus der Vorführgruppe verstehe ich mich gut. Wir haben zusammen getanzt, ohne uns zu behindern. Wir haben uns gemeinsam am Tanz gefreut, an uns. Ich will ganz viel mit ihr tanzen und üben, hoffe, mich und meinen Tanzstil dadurch zu finden. Das geht nur bedingt. Sie tanzt alleine – sehr oft. Sie kann mir das Alleine-Tanzen nicht abnehmen. Ein Tiefschlag. Ich muss es einsehen. Wenn ich mich neben ihr gleichberechtigt fühlen will, muss ich meine Technik, meine Ideen zum Tanz auch alleine entfalten. Warum ist das nur so schwer? Alleine Bauchtanzen heißt, mir selbst etwas Gutes und Lustvolles tun. Das habe ich nicht gelernt. Alleine arbeiten, das geht, alleine essen, das geht auch. In der Gruppe tanzen, das geht auch, denn die anderen regen mich an. Wenn ich keine Lust habe, werde ich animiert, wenn ich die Lust der anderen sehe. Aber alleine tanzen heißt nicht nur, mir etwas Gutes tun. Es heißt auch, mich mit meinen Mängeln und Unfähigkeiten zu konfrontieren. Die sehe ich auch in der Gruppe. Dort ist es aber leichter, mich darüber hinwegzutrösten. Ich sehe, dass auch andere Schwierigkeiten mit manchen Übungen haben. Alleine bin ich nur mit meinen eigenen Ansprüchen konfrontiert.

Die Schwierigkeit, meinen eigenen Tanzstil zu entwickeln, drückt sich auch äußerlich aus. Ich habe bis jetzt noch kein Kostüm, das ich mir selbst entworfen und genäht habe, sondern verschiedene geschenkte und sehr zufällig zusammengestellte Stücke. Ich habe meinen Stil bisher zu sehr bei den anderen gesucht. Aber ich merke, seit mir das Problem bewusst ist, schon Fortschritte beim Entdecken und Ausgestalten meines Bauchtanzes, meiner Möglichkeiten, mich in diesem Tanz auszudrücken. Es ist ein schwieriger Prozess, in dem ich meine Grenzen deutlich sehe.

Aber woran liegt es, dass ich diese Frustrationen und Enttäuschungen, die das Einsteigen in jede Disziplin begleiten, gerade beim Bauchtanz durchhalten konnte und noch durchhalte?

Ich sehe die Gründe primär darin, dass ich zu einer Zeit mit Bauchtanz konfrontiert wurde, als ich doch allmählich genügend äußere und innere Sicherheit hatte, um mich auf einen solchen Prozess einlassen zu können. Auf dieser Basis konnte ich die kommenden Probleme bewältigen.

Und dennoch: Ich hätte es sicher nicht unter denselben Bedingungen bei jeder anderen Disziplin geschafft, weil nicht jede in solcher Weise für mich lohnend ist wie der Bauchtanz. Es reicht auch nicht als Erklärung, dass es ein Tanz ist und ich schon früher gerne getanzt habe. Es ist mehr. Es ist das Wissen darum, dass ich durch den Bauchtanz am ehesten das Bedürfnis befriedigen kann, das hinter allen Versuchen, eine passende sportliche Betätigung zu finden, steckte: Das Bedürfnis, meinen Körper schöner, attraktiver und weiblicher zu machen, ihn mit seinen weichen Rundungen lieben zu können. Aber nicht nur das. Noch mehr Bedürfnisse kann ich im «Medium» Bauchtanz befriedigen: Den Wunsch, mich mit schönen Kleidern und Kostümen zu schmücken, und den Wunsch, etwas gemeinsam mit Frauen zu tun, was über Wohnen, Arbeiten und Studieren hinausgeht.

Es ist sicher leicht einzusehen, dass es schwer ist, sich mit kleinen drahtigen Karatelehrern oder großen, weichen, bärtigen Bioenergetiktrainern zu identifizieren. Was zündet da mehr als eine gut aussehende Frau, die ihren Körper geschmeidig bewegen kann? Auch die zurückhaltende Würde der ersten Lehrerin war anziehend und regte mich zur Nachahmung an. Die geheime Bewunderung und Idealisierung meiner Lehrerinnen, aber auch anderer Frauen, die ich tanzen sah, war für mich ein notwendiger Prozess, der mir half, in den Tanz «einzusteigen» und «dranzubleiben». Dadurch bekam ich Hoffnungen, einen Teil der Grazie auch selbst erreichen zu können. Wichtig zur langsamen Realisierung des Wunsches, meinen Körper anders zu fühlen und wahrnehmen zu können, war der Schutz, den die Gruppe als reine Frauengruppe bot. Auch wenn dabei Probleme der Konkurrenz und Minderwertigkeit auftauchten, so fühlte ich mich doch insgesamt weitaus wohler als in Gruppen, in denen Männer mitmachten.

Dass die Möglichkeit der Idealisierung gerade beim Bauchtanz für mich so intensiv war, führe ich darauf zurück, dass die Frauen, die den Tanz lehren, am ehesten meinen Weiblichkeitsidealen entsprechen – sowohl was ihr Aussehen als auch ihr Bewusstsein betrifft. Es setzt einige Stärke voraus, diesen Tanz in Deutschland zu tanzen, ohne sich in die Ecke der Animiermädchen drängen zu lassen, wie es bei uns und auch in arabischen Ländern immer wieder geschieht.

Das Wissen um die Bedeutung des Bauchtanzes gerade für die Entfaltung des weiblichen Körpers und das Erlebnis, sich in einer Weise austanzen zu können, wie es kein anderer Tanz zulässt, gibt die Kraft, den Vorurteilen entgegenzutanzen.

Die Bauchtanzbewegungen integrieren für mich eine Vielfalt von Aspekten, die ich vorher immer nur vereinzelt in verschiedenen Disziplinen fand: das Wechselspiel von Spannung und Entspannung wie bei Yoga, die Kondition und Ausdauer vom Schwimmen und Laufen, das Muskeltraining und das Sich-Hingeben an einzelne Bewegungsabläufe wie bei Karate, das genaue Atmen und Spüren des Körpers wie bei Yogaübungen, die Eleganz des Jazztanzes.

Entscheidend aber ist das Wechselspiel von runden, weichen,

fließenden und festen, kraftvollen Bewegungen. Dadurch bringt der Tanz den weiblichen Körper mit seinen Rundungen in besonderer Form zur Geltung. Außerdem öffnet er in fließend zarter Weise den Körper und gibt uns so die Möglichkeit, unsere Erotik zu entfalten.

Hinzu kommt die Pracht der Kleider und Kostüme, die der Phantasie keine Grenzen setzen und die es ermöglichen, sich alle geheimen Wünsche, sich zu schmücken und auch «Prinzessin» zu sein, erfüllen zu können.

Und schließlich noch zu dem Bedürfnis, etwas mit Frauen gemeinsam zu machen. Man könnte sagen, dass das doch auch bei anderen Medien, anderen Tänzen passiert. Sicher. So gibt es zum Beispiel sehr gute Frauentanzgruppen, die modernen Tanz machen. Für mich aber stellt sich gerade beim Bauchtanz, wenn wir ihn in der Gruppe tanzen, ein Gefühl von Gemeinsamkeit und Freude her, wie ich es bisher selten erlebt habe. Ich führe das darauf zurück, dass der Tanz das Erbe einer Kultur transportiert, in der die Frauen als stark unterdrückte Gruppe zur Solidarität gezwungen waren. Diese Solidarität müssen wir uns in unserer Kultur erst mühsam wieder erobern.

In unserer Tanzgruppe versuchen wir das. Wir wollen uns gemeinsam im Tanz ausdrücken, ohne dass Konkurrenz, Neid und Ängste uns hindern. Es ist nicht leicht, dieses Ideal zu verwirklichen. Oft haben wir Konflikte auszutragen. Aber wir wissen, dass man beim Tanzen sieht, wie wir zueinander stehen, was wir füreinander und miteinander fühlen. Das hilft uns immer wieder, uns den entstehenden Konflikten zu stellen.

Heute ist der Bauchtanz für mich längst mehr als eine sportliche Betätigung. Der Tanz ist mir deshalb so wertvoll, weil ich darin sehr viele meiner weiblichen Bedürfnisse und Fähigkeiten unterbringen und umsetzen kann, was in meinem beruflichen Alltag in dieser Form nicht möglich ist.

Bauchtanz – mon amour
Lilo Buytaert

Sag mal, wie bist denn du eigentlich zum Bauchtanz gekommen? – so werde ich oft gefragt, und ich sage dann:

Nicht ich kam zum Bauchtanz, sondern der Bauchtanz kam zu mir. Ich fühle das so. Er kam zu mir in einer Situation, in der ich sehr einsam, sehr traurig, sehr verletzt und verzweifelt war ... obwohl ich nach außen hin die «fesche Lola» spielte. Und auch getanzt hab, wie verrückt manchmal in Discos, aber nur in mir und für mich, die anderen (egal ob Mann oder Frau) interessierten mich nicht. Ich wollte nur tanzen und die Welt dabei vergessen, Tanz wie eine Droge, die wahnsinnig allein macht – und irgendwann hat's meinem Körper dann einmal gelangt. Mein Bauch muss sich wohl gefragt haben, wozu er denn in dieser einsamen, kopflastigen, flippigen «Frau» (die Anführungszeichen stehen da mit Absicht) überhaupt noch gut sein soll, und weinte über meine Verleugnung seiner Wichtigkeit (geschweige denn Existenz) blutige Tränen, monatelang.

Die Herren Ärzte wetzten, wie sie's gelernt haben, gleich ihre Messer, aber meinen Bauch schien die klinisch «saubere» Art, im Inneren Ordnung zu schaffen, nicht zu überzeugen. Er weinte weiter, beharrlich, mal laut und mal leise, und brachte mich zur Verzweiflung. Das war allerdings das Beste, was er tun konnte – denn erst jetzt begann ich ihn so ernst zu nehmen (diesmal aber beim «Seelendoktor»), dass ich das Bluten als Weinen begriff. Es war wie ein Wunder: Prompt hörte er auf, als ich begann zu verstehen, dass das Bluten Trauer war, Trauer darüber, dass ich mich als *Frau* mitsamt meinem *Bauch* viel zu wenig wichtig genommen habe.

Kurze Zeit danach las ich in einer Frankfurter Stadtteilzeitung eine Anzeige: Bauchtanzkurs für Anfänger ... ich, rein intuitiv, nichts wie hin. Kurzhaarig und reichlich moppelig, etwas verschüchtert, aber doch sehr neugierig, so reihte ich mich in eine Gruppe von Frauen ein, die ich (fast) alle viel schöner fand als mich. Deshalb guckte ich erst mal vorwiegend an mir herunter und begann meine Hüften zu kreisen, langsam erst noch und zaghaft, dann aber sehr schnell beherzter, als ich merkte, aaaaah, die Musik törnt dich an, und hmmmm, dem Bäuchlein tut's gut. Still und klammheimlich, dem Frieden noch nicht so recht trauend, begann ich, die Bewegungen meines Bauches schon schöner zu finden – bis plötzlich einmal meine Bauchtanzlehrerin Ditti freudig quer durch den Übungsraum schrie:

«Also Lilo ... wenn ich dich so sehe ... ich prophezeie dir eine große Bauchtanzkarriere!»

Die Freude zuckte mir bis ganz tief runter in den Bauch, ich tat einen Luftsprung, die Freude sprang mit und kam oben als Jauchzer wieder raus. Der Spaß am eigenen Körper! Mein Bauch, er konnte jetzt lachen, zum ersten Mal, endlich mal lachen!

Ab da ging's erst richtig los. Der Bauchtanz packte mich. Für mich war es eine riesige Entdeckung, nicht immer nur in Krankheits- oder Gesundheitskategorien mit meinem Körper umzugehen, sondern mit Lust und Freude!

Ich tanzte jeden Tag, manchmal über zwei Stunden, und entdeckte dabei meinen Körper Stück für Stück. Das war allerdings oft ein hartes Pensum Arbeit und Selbstdisziplin – auch oft verbunden mit einer gehörigen Portion Frust. Aber die Freude hatte sich ganz tief unten eingenistet und trieb mich voran, durch den Frust durch, die eigenen Grenzen zu erweitern.

Eine besondere «Grenze» war z. B. mein Kopf. Während eines orientalischen Festes in München tanzte ich, und dieser Tanz wurde gefilmt. Als ich dann später – klopfenden Herzens – den Film, also mich, im Fernsehen sah, hätte ich heulen können vor Schreck und Enttäuschung; mein Kopf, du liebe Güte, mein Kopf, der lächelte nicht etwa in möglichst ruhiger, würdevoller Stellung über meinen runden Bewegungen, sondern wackelte höchst lächerlich bei jedem dieser Kreise und Hüftschwünge mit, so als wollte *er* die Bewegung bestimmen und einleiten.

Die Enttäuschung war verdammt hart, aber letztlich gut; ich begann nachzudenken und kam drauf, na klar, das bist doch du selbst, noch kopflastig von der Uni, so schnell geht das nicht mit dem Verändern, der Kopf will immer noch bestimmen, was abläuft. In Seminaren fällt das ja nicht weiter auf, aber wenn der *Körper* im Tanz das so richtig sinnlich ausdrückt, dann sieht es nicht nur komisch aus, sondern du merkst erst mal, was eigentlich los ist!

Ab dann half ich mir zunächst mit der Vorstellung, dass mein Kopf jetzt im Bauch sitzt und von der Körpermitte her auf die Musik reagiert. Das war eine Krücke, ein Übergang vorerst, aber später strömte das Gefühl ein in den Bauch, und er begann ganz spontan sein Eigenspiel.

Ich hätte vorher nie gedacht, dass der Bauchtanz mir so viele Grenzen bei mir selbst aufzeigen würde – meine Haltung war schlecht, die Schultern hochgezogen und ängstlich, die Arme verschüchtert eingezogen statt stolz ausgestreckt, die Hände oft verkrampft zu statt zugewandt offen – aber gleichzeitig wurde das alles eine Herausforderung zur Arbeit an mir selbst, eine Arbeit aber, die Spaß machte, weil ich mich nach und nach selbst eroberte und viel schöner fand als vorher, weil ich begann, mich freier, offener und sicherer zu bewegen und, letztlich, weil ich begann, mich selbst richtig lustvoll zu *genießen.*

Hier allerdings geriet ich in einen Bereich, der mir auch heute noch Schwierigkeiten macht. Zu klagen, über Probleme, Schlechtigkeiten und Frust zu reden, das haben wir alle bestens gelernt, und die Bibliotheken stehen voll von Ergüssen dieser Art, aber über Lust und Genuss sich auszutauschen, das scheint in unserer Gesellschaft eine Gotteslästerung zu sein.

Jetzt hatte sie sich aber eingenistet, die *Lust,* in meinem Körper und machte beim Tanzen meine Bewegungen sehr erotisch. Alleine zu Hause vor dem Spiegel hatte ich keine Probleme damit, aber sobald ich öffentlich auf Festen oder bei Auftritten tanzte, fiel eine Klappe wie eine Maske vor mein Gesicht, und ich guckte verschlossen und böse, als wollte ich sagen: Mein Körper tanzt zwar diese schönen, genussvollen, verführerischen Bewegungen, aber glaubt ja nicht, dass ich das bin!

Ich hatte die totale Muffe, öffentlich zu der Erregung und dem Genuss zu stehen, die der Tanz in mir auslöste, und noch weitaus mehr Angst hatte ich, dass sich etwa diese prickelnden «Vibrations» auf die Zuschauer übertragen und dann voll zu mir zurückkommen könnten, obwohl doch das das wirklich Schöne beim Tanz ist, wenn ich die anderen anstecken kann mit meiner Erregung, wenn es knistert im Zuschauerraum und die Lust und Freude zurückkommt im Strahlen der Augen, in der Freude in den Gesichtern, im Mitklatschen und Antörnen! Dann ist die Tänzerin gerade nicht alleine, sie und das Publikum freuen sich zusammen, da geht was hin und her, sinnlich, genussvoll, aufregend … zu aufregend. Ich konnte das nicht aushalten, pickte mir bei jedem dieser öffentlichen Anlässe mit hundertprozentiger Sicherheit genau das finstere Gesicht im Zuschauerraum heraus, dessen Besitzer wohl ähnliche Probleme mit Erregung und Sinnlichkeit hatte wie ich, und erleichtert und zugleich böse stellte ich fest, wie ablehnend doch viele Zuschauer sind; da konnte ich dann wieder schimpfen, die blöden Leute, die können's nicht aushalten, nicht genießen … Gott sei Dank. Ich war im alten vertrauten Fahrwasser. Allerdings: *Meine* Erregung war auch weg! Die Zwickmühle war, dass ich da rauswollte und gleichzeitig Angst davor hatte. Bei diesem Problem half mir sehr die «Seelenarbeit» in der Analyse; hier ging es auch um einen «Bauchtanz» der Gefühle: Gute und lustvolle Gefühle mitzuteilen und auszutauschen fiel mir extrem schwer, und ich werkele noch heute daran herum.

Allmählich aber ging es voran, auch weil ich etwa zur gleichen Zeit mich intensiver mit einer Frau anfreundete, mit der ich seither regelmäßig tanze. Lass mich nicht so allein beim Tanzen, sagte sie, schau mich an, lach mich an, mach mich an, ich brauche das, ich will doch *mit* dir tanzen!

Das half – und machte Spaß! Ich entdeckte, wie schön *miteinander* tanzen sein kann, trotz vieler Schwierigkeiten und mancher Rückschläge; ich entdeckte, wie viel Freude und Genuss ich empfand, diese Frau tanzen zu sehen, und ich begann zu genießen, dass sie von meinem Tanz mitgerissen wurde.

Ein noch schwierigeres Problem wurden die Männer. Es dauerte sehr lange, bis ich mich traute, meinem Freund nicht immer nur vom Bauchtanz zu erzählen, sondern auch einmal vorzutanzen. Und wie ist das mit «fremden» Männern? Ich glaube, die erotische Spannung, die zwischen Tänzerin und Zuschauern entsteht, wird sehr oft in Bezug auf Männer missverstanden als sexuelle Anmache, und auch ich habe anfangs nicht gewusst, wie ich damit umgehen soll, bis mir der Unterschied aufging: Eigentlich müsste sogar jedes Gespräch erotisch in dem Sinne sein, dass da was hin und her geht, dass ich und der Partner voll dabei sind und, egal über welchen Inhalt man sich austauscht, jeder das Gefühl hat, dass dies ein gutes, dichtes Gespräch war. Ähnlich beim Tanz – Tänzerin und Zuschauer genießen das gleiche Gefühl, die sinnliche Erregung des Körpers, und freuen sich daran. Dass dabei natürlich auch Wünsche und Phantasien entstehen können, ist klar, aber nicht alle Phantasien sind realisierbar, hier nicht wie in vielen anderen Bereichen des Lebens. Ich tanze nicht, um die erotische Spannung danach konkret sexuell umzusetzen (das wäre für eine Tänzerin in Bezug auf die vielen Männer auch inflationär), sondern ich tanze, um die Erotik als prickelndes Gefühl gemeinsam zu genießen. Das ist ein wichtiger Unterschied.

Insgesamt gesehen wurde Bauchtanz für mich zur größten Herausforderung, weil er ein bedingungslos weiblicher Tanz ist, der weiblichste überhaupt, dem ich mich stelle mit meinen Gefühlen, meinem Kopf und meinem Weibsein. Es gibt aber noch viel zu tun – und das ist schön. Ich kann mir nicht vorstellen, dass mir's mal langweilig wird in Sachen Bauchtanz.

Zum Schluss noch ein warnendes Postscriptum an die verehrte Leserschaft:

Befreundete Frauen, die das Manuskript dieses Erfahrungsberichtes gelesen hatten, kritisierten daran, ich habe zu verführerisch geschrieben, zu bruchlos, die Arbeit und der Frust und die Anstrengung kämen zu wenig zum Ausdruck, sodass viele Frauen vielleicht beim Lesen Lust an der Sache kriegen, draufhüpfen auf den Bauchtanz wie auf eine therapeutische Modewelle und dann enttäuscht und gefrustet sind, wenn's nicht so klappt wie bei mir.

Mag sein. Drum sei's hier noch eindeutig gesagt: Ich glaube, dass meine rasante Entwicklung eher eine Ausnahme ist. Ich hatte über zehn Jahre meines Lebens mit Suchen, Fehlschlägen, Depressionen verbracht und hing jetzt einfach am Baum wie eine überreife Vollfrucht. Ich bin tänzerisch und musikalisch sehr begabt und habe das Glück gehabt, auftretende Probleme beim Tanz auch in einer Analyse seelisch aufarbeiten zu können. Diese Chance haben nicht viele, das weiß ich. Ich habe einen ziemlichen Dickkopf, einen ausgebildeten Ehrgeiz und jetzt auch viel Spaß, auf ein Pferd zu setzen und an einer Sache dranzubleiben. Das ist auch wichtig, denn die Technik des Tanzes schafft sich nicht von alleine. Und, last but not least, ich habe einen sehr weiblichen Körper, mit viel Sinnlichkeit und erotischer Ausstrahlung, der mich früher eher verunsicherte, im Bauchtanz aber das Deckelchen fand, das aufs Töpfchen passte.

Wer sich aber nach all diesen «Warnungen» nicht abtörnen lässt, mit sich ein bisschen geduldig ist und Bauchtanz einfach spannend findet für sich selbst, dem wünsche ich viel, viel Freude!

Bauchtanz als Erleben weiblicher Erotik

Ingeborg Böhme

Mich fasziniert am Bauchtanzen als gemeinsamem Tanzen mit anderen Frauen besonders das Erleben von eigenständiger weiblicher Erotik: Das Gefühl von individueller und kommunikativer Stärke und Reichtum durch die vielfältigen körperlichen und emotionalen Erlebnisformen, die ich mit anderen Frauen teile, das Gefühl meiner Ganzheit, des Einsseins mit mir selber und mit anderen.

Das Besondere, über westliche Gesellschafts-, Volks- und Kunsttänze Hinausgehende ist die Einbezogenheit des gesamten Körpers und die Zentrierung auf den Bauch- und Beckenbereich, auf unseren emotionalen Mittelpunkt und unser Energiereservoir, aus dem heraus alle Bewegungen kommen. Als ursprünglich religiöser Tanz, in Gesellschaften mit matriarchalischen Strukturen von Frauen gemeinsam getanzt, ist der Bauchtanz für mich ein Stück alter autonomer Frauenkultur, der unsere westliche Kultur bereichern kann und den zu entdecken und zu erfahren mir Spaß macht und mich verändert.

Ich selbst kam zum Bauchtanz über die Frauenbewegung. Nachdem wir uns in der Paragraph 218-Kampagne mit dem Slogan «unser Bauch gehört uns» das Selbstbestimmungsrecht über unseren Bauch zumindest partiell erkämpften, schauten wir uns jetzt genauer an, was wir zurückerobert hatten: Unser Bauch und unser Becken waren durch körperfeindliche Erziehung, die vorherrschende naturwissenschaftliche Medizin, einschränkende Schönheitsideale, Orientierung auf männliche sexuelle Bedürfnisse hin etc. eher vernachlässigt, verstümmelt, unterentwickelt verkrampft, verkniffen, schmerzhaft und Herd vieler Krankheiten.

In den verschiedenen Selbsthilfegruppen gingen wir den gesellschaftlichen und individuellen Ursachen dieser Entwicklung nach und versuchten durch natürlichere Heilmethoden, Körper-

und Entspannungsübungen, Veränderung der Lebensweise etc. ein positiveres Verhältnis zu unserem Körper insgesamt zu bekommen und speziell diesem, mit so viel negativen Erfahrungen und Angst belasteten Körperteil und den darin wohnenden Funktionen mehr Aufmerksamkeit und Fürsorge zukommen zu lassen.

Während ich vorher meinen Bauch am liebsten aus meiner Wahrnehmung und meinem Erleben ausgeklammert hätte, begann ich mich nun für die Vorgänge in ihm zu interessieren und bekam ein Gefühl dafür. In dieser Zeit hörte ich von einem Bauchtanzkurs für Frauen. Ich war hin- und hergerissen zwischen Faszination und Skrupel. Wäre das nicht eine hervorragende Gelegenheit zur Lockerung meiner Verspannung und Aktivierung meiner Selbstheilungskräfte im Becken und eine positive Erfahrungsmöglichkeit mit meinem Bauch? Aber mein moralischer, feministischer Zeigefinger erhob sich. Bis jetzt hatte Bauchtanz für mich nur etwas zu tun mit Unanständigkeit, männlichem Sexvergnügen und erotischer Objekthaftigkeit von Frauen. Es blieben Skrupel. Durch meine Arbeit lernte ich türkische Frauen kennen und war überrascht: Sie tanzten unter sich, sie tanzten für sich, sie tanzten zu ihrer eigenen und gegenseitigen Freude. So eine Gefühlsintensität, so eine Ausstrahlung von Sinnlichkeit! Und das hatte in der Situation gar nichts mit Männern zu tun! Im Gegenteil. Die Frauen brachten sich in diesen Tanz ein und schöpften daraus Stolz, Selbstbewusstsein und Kraft für ihren anstrengenden Alltag.

Jetzt wagte ich den Schritt in den Bauchtanzkurs.

Nur leider war das nicht so wie ein Sprung in eine andere Welt, bei dem ich all meinen Alltagsballast, meine kulturelle Geschichte und individuelle Einschränkung hinter mir lassen und mich plötzlich, wie durch die Klänge der arabischen Musik verzaubert, so frei, stolz, sinnlich und geschmeidig bewegen konnte … Es war eine arge Konfrontation mit meiner körperlichen und emotionalen Steifheit und Verklemmung, meinen kalten Füßen und kaltem Po, meinem Hohlkreuz und meinen verspannten Schultern, meinen seelischen und körperlichen Schmerzen, meinen Ängsten.

Diese Spannungen nach und nach etwas loszulassen und mich lockerer und freier zu bewegen, halfen Entspannungs- und Meditationsübungen. Vor allem halfen aber eine vertrauensvolle Atmosphäre in der Gruppe und ein kleiner Kreis von Frauen, mit denen gemeinsam ich mich über kulturelle und individuelle Hintergründe unserer eingeschränkten Bewegungsfähigkeit und mangelnden emotionalen Hingabefähigkeit unterhalten konnte.

Wir sprachen unter anderem über unsere Erziehung zur Weiblichkeit und Geschlechtlichkeit.

Uns wurde als Folge des Zusammenbruchs der alten Geschlechtsrollen im Zuge der Tendenz zur rechtlichen Besserstellung der Frauen die Gebrochenheit und Irritation unserer Erotik bewusster.

In unserem Kulturbereich sind die erotischen Spiegel der Frau vorwiegend Männerblicke und männliche Resonanz und dadurch einseitig und verzerrt. Weibliches Selbstbewusstsein erwächst weitgehend daraus, begehrt zu werden und begehrt zu sein. Und dies ist oft verbunden mit dem Preis unserer Selbstverleugnung, Schwachheit und Naivität in einigen Bereichen und/oder selbstausbeuterischer, über reale Mutterschaft hinausgehende Mütterlichkeit.

Diese Einschränkung und weitgehende Orientierung auf männliche Bedürfnisse hin entspricht nicht mehr unserer Lebensrealität und unserem Selbstverständnis. Wir sind auf der Suche nach Raum zum Erleben und Aneignen unseres erotischen Selbst als Wahrnehmen und Ausdrücken unserer ganzheitlichen Bedürfnisse – einschließlich unseres Begehrens.

Mut zum Weitermachen gaben mir neben der Auseinandersetzung mit und Bestätigung von anderen Frauen erste Erfolge und die wohltuende und entspannende Wirkung dieses Tanzens. Ich begann, Kraft und Wärme in meinem Becken zu spüren, und stellte bald fest, dass meine Schmerzen während der Menstruation aufhörten und meine Verdauung regelmäßiger und ohne Hilfsmittel funktionierte. Am liebsten tanzte ich für mich allein. Die meditativen, kreisenden Bewegungen mit dem Becken machten mir anfänglich am meisten Spaß. Ich liebte es, um mich selbst zu «kreisen», meinen körperlichen und emotionalen Mittelpunkt zu erleben, und kam während dieser Zeit zu mehr Einklang mit mir selbst. Nach und nach bezog ich auch weitere Körperbereiche wie Oberkörper, Schultern und Arme stärker mit in den Tanz ein. Zugleich machten mir aggressivere und kommunikativere Bewegungsabläufe wie zum Beispiel Hüftschwünge mehr Spaß, und ich öffnete mich mehr dem gemeinsamen Tanzen mit anderen Frauen. Die dabei auftretenden vielgestaltigen Möglichkeiten, in allen emotionalen Stimmungen differenziert abgestuft und in vielerlei Nuancen in Kontakt zu treten, sich mitzuteilen, andere zu erfahren, etwas von anderen aufzunehmen, ein Stück gemeinsam zu gehen, sich gegenseitig anzuregen, zu lockern, aufzufordern, herauszufordern, zu bestätigen, zu steigern oder abzubrechen, zurückzugehen, Neues zu erproben etc. ergeben das so reichhaltige Spiel sehr intensiver wechselseitiger Aufeinanderbezogenheit und Gemeinschaftlichkeit.

Im Laufe der Zeit stellten sich weitere Erfolge in meinem körperlichen Befinden ein. Darauf hatte ich überhaupt nicht zu hoffen gewagt: Meine Haltung verbesserte sich, und mein Kreislauf, der seit einigen Jahren sehr labil war, stabilisierte sich.

Einen weiteren Höhepunkt stellte die Anschaffung eines Bauchtanzkostüms dar. Ich erwarb es während eines kurzen Aufenthaltes in Kairo von meiner ägyptischen Bauchtanzlehrerin. Eigentlich wollte ich mir keines kaufen, denn ich fühle mich in meinen weiten Röcken oder Pluderhosen und Fransentüchern um die Hüften sehr wohl. Aber als ich das Kostüm ausprobierte, merkte ich, dass davon ein ganz besonderes Tanzgefühl ausgeht. Das hat mit dem Gewicht und dem Geklimper zu tun. Es ist ein außerordentlicher Reiz, seine Bewegungen nicht nur zu spüren, sondern auch zu hören. Dadurch wird eine weitere sinnliche Erfahrung einbezogen. Die Bewegungen werden präziser und untermalen und interpretieren die Musik nicht nur körperlich, sondern zugleich auch akustisch.

Jetzt bin ich sicherer im Tanzen, mir selbst und meiner tänzerischen Möglichkeiten und Kräfte und der darin enthaltenen vielfältigen Erlebnisweisen sowie deren kommunikativer und sozialer Bedeutung bewusster. Diese Gefühls- und Kommunikationsintensität, die mich bei den türkischen Frauen so begeistert, stellt sich jetzt im gemeinsamen Tanzen – zumindest ansatzweise – auch bei mir ein. Sie vermittelt sich nicht so sehr über Bauch- und Beckenbewegungen, sondern über den gesamten Körper und vor allem über Augenkontakte. Das dabei auftretende befriedigende und beglückende Gefühl resultiert nicht primär, wie im Allgemeinen beim Sport, aus der Leistung, dem Können oder dem Wettstreit, dem Besser-zu-Sein als andere, sondern aus dem «Ganz-ich-selbst-Sein» und dem «Gemeinsam-mit-anderen». Der Höhepunkt des Tanzens tritt ein, wenn ich nicht mehr das Gefühl habe, ich tanze, sondern «es tanzt mich»; ich gebe mich ganz den Impulsen hin, die von der Musik und den anderen Tänzerinnen ausgehen.

Dieses Erleben von Reichtum ist für mich eine wichtige Erfahrung, die meine gesamte Persönlichkeit berührt und die ich auch in mein soziales Umfeld hineintrage. Darin eingeschlossen ist natürlich auch die erotische Beziehung zu Männern.

Ich bin dabei zu lernen, mich in all meinen Lebensbereichen besser wahrzunehmen, zu mir zu stehen, mich zu äußern und mir meiner Bedürfnisse und meines Begehrens ebenso wie meiner Stärke und Fähigkeiten und deren sozialen Wertes bewusster zu sein.

Ich bin ganz gespannt auf meine weiteren Erfahrungen mit dem Orientalischen Tanz. Ich wünsche mir, dass es gemeinsam mit anderen Frauen gelingen möge, hier ein Feld der körperlichen Betätigung und ganzheitlichen Entfaltung zu finden und zu gestalten, das sich von unserem traditionellen Sport und Tanz durch seine andersartige und weiter reichende Erlebnisqualität unterscheidet und in dem das Gefühl von Konkurrenz ein Stück weit ersetzt wird durch das Gefühl von Gemeinschaftlichkeit.

Vor den ersten Tanzversuchen

1. *Das wesentliche Merkmal des Orientalischen Tanzes: Die Isolation*

Ein typisches Merkmal des Orientalischen Tanzes ist die Isolation, d.h. die Fähigkeit, einzelne Körperzentren unabhängig voneinander zu bewegen.

Während in unseren westlichen Tänzen eine meist von den Beinen aus zentral gelenkte Körperkontrolle angestrebt wird, wobei das Ziel, vor allem beim Ballett, absolute Schwerelosigkeit ist, handelt es sich im Gegensatz dazu beim Orientalischen Bauchtanz um ein «Zum-Boden-Streben», um ein bewusstes «Auf-der-Erde-Bleiben». Es geht hierbei nicht um das Aufheben des Körpers in seiner Schwere, um «abheben» und wegfliegen zu können, sondern eher um ein Bewusstwerden jedes einzelnen Körperteils, um die Erfahrung einer ganz bodenständigen Körperlichkeit.

Tanzen ist im Orient nicht identisch mit dem Durchqueren eines Raumes, denn im traditionellen Orientalischen Tanz finden die meisten tänzerischen Bewegungen *innerhalb* des Körpers statt. Man kann im Knien, Sitzen oder Liegen tanzen, fest auf dem Boden verharrend. Um hierbei aber alle Variationsmöglichkeiten ausschöpfen zu können, war und ist die Isolation einzelner Körperteile unerlässlich.

Seit der Orientalische Tanz auch seinen Weg auf die Bühne gefunden hat, hat sich dieses Prinzip des eng bewegten Tanzes aufgrund der veränderten äußeren Gegebenheiten gewandelt. Kunstvolle Schritte sind hinzugekommen, die binnenkörperlichen Bewegungen aber sind geblieben.

Die Isolationstechnik kennt man auch in Afrika und Asien. In Afrika wird sie besonders bei den Sudan-Völkern südlich der Sahara und den kongolesischen Bantus ausgeübt. Letztere gelten auch allgemein als die Väter des Jazz-Tanzes.

Beim Jazz-Tanz wird die Isolation noch sehr viel prägnanter und konsequenter durchgeführt als beim Bauchtanz. Eine so genannte «polyzentrische Motion» wie beim Jazz-Tanz, wo einzeln bewegte Körperteile noch zusätzlich in verschiedene Richtungen geführt werden und für den Laien deshalb oft grotesk wirken, kennen wir beim Bauchtanz nicht. Die Isolationstechnik des Bauchtanzes führt nicht zu «kuriosen Verrenkungen», sondern zur ästhetischen Vervollkommnung des Bewegungsflusses, nicht zur Sprengung des Körpers, sondern zu seiner harmonischen Ganzheit.

Worin besteht nun konkret die Isolationstechnik beim Bauchtanz?

Isolation bedeutet hier das richtig wechselnde Verhältnis zwischen Spannung und Lockerung in den einzelnen Körperzentren. Lockerung bedeutet aber nicht (wie fälschlicherweise oft angenommen) – im Gegensatz zur Anspannung in dem gerade bewegten Körperteil – die totale Erschlaffung der übrigen Körperzentren. Es bleibt noch eine gewisse Restspannung. Ein konkretes Beispiel:

Wenn du – entspannt stehend oder sitzend – deinen Kopf isoliert kreisen lässt, befindet sich in deiner Halswirbelsäule zu diesem Zeitpunkt das größte Kraftfeld, die meiste Energie. Deine Schultern bewegen sich nicht, sie sind äußerlich ganz ruhig. Aber eine gewisse Spannung ist auch in ihnen vorhanden, die das isolierte Kreisen des Kopfes überhaupt erst ermöglicht.

Isolierte Bewegungen werden mit folgenden Körperteilen ausgeführt:

1. Kopf
2. Schultern
3. Brustkorb
4. Bauch
5. Becken
6. Hüften
7. Knie
8. Arme
9. Hände

Werden nun statt eines dieser Körperteile mehrere Körperzentren gleichzeitig oder nacheinander bewegt, so sprechen wir von *Koordination.*

Allen Anfängern fällt das Erlernen der Isolationstechnik schwer, weil sie unserem westlichen, ganzkörperlichen Tanzstil total entgegengesetzt ist. Die folgende Schwierigkeit besteht dann darin, die isolierten Bewegungen zu koordinieren. Ein deutliches Beispiel ist der «Kamelgang», der aus der Becken- und der Brustkorb-Welle als binnenkörperlichen Bewegungen besteht, zusätzlich aber noch mit einem Schritt kombiniert wird. Der Kamelgang stellt sich für viele Frauen einerseits als schwere Hürde, andererseits bei Beherrschung als «Bauchtanzschlüssel» dar, der oft ein so genanntes «Aha-Erlebnis» auslöst. Isolation und Koordination können hieran ausgezeichnet geübt werden.

Bei allen Schwierigkeiten: Verlange nicht zu viel von dir und verzweifle nicht! Jahrelang nicht benutzte Muskeln und Gelenke können nicht in Wochen oder Monaten zur Vervollkommnung gelangen. Die Beherrschung der Isolationstechnik erfordert eine Menge Geduld und Konzentration. Bedenke dabei auch, dass du gute und schlechte Tage hast. Lass dich daher nicht entmutigen, absolviere regelmäßig deine Übungen – dann werden die Fortschritte auch nicht ausbleiben.

2. *Tipps zum Üben und Tanzen*

Bevor die Frauen anfangen zu tanzen, ist ihre erste Frage: Was soll ich anziehen?

Es gibt mehrere Möglichkeiten, von denen du eine bestimmt für dich anwenden kannst. Entweder du ziehst einen Gymnastikanzug an, den du vielleicht ohnehin noch aus früheren Zeiten hast, oder du hast noch einen alten Rock mit breitem Gummizug in der Taille, den du einfach auf deine Hüften herunterschiebst. Solltest du gar eine Pumphose in deinem Schrank haben, kannst du auch diese sehr gut zum Üben und Tanzen verwenden. Obenherum genügt ein T-Shirt, das du unter deinen BH schiebst oder unterhalb deiner Brust knotest.

Ich persönlich ziehe einen Rock oder eine Pumphose vor, weil dabei der Bauch frei bleibt. Manche Frauen tragen zur Gymnastik einen Anzug und ziehen sich später zum Tanzen einen Rock bzw. eine Hose an. Auch dies ist natürlich möglich, falls dir der Aufwand des Umziehens nicht zu groß ist.

In jedem Fall aber schlinge dir ein Fransentuch um deine Hüften und knote es auf dem linken oder rechten Hüftknochen. Das Tuch hat nicht allein eine Schönheitsfunktion, sondern dieses authentische, bauchtanzspezifische «Requisit» gibt dir von Anfang an das Gefühl, dass du weder Jazz-Gymnastik noch Ballett erlernst, sondern eben den hüft- und bauchbetonten Orientalischen Tanz. Dieser wird übrigens meist barfuß getanzt. Das heißt aber nicht, dass du dich in der kühlen Jahreszeit erkälten sollst. Halte dann die Füße mit wollenen Strümpfen oder Gymnastikschuhen warm.

Nun zur Musik. Im Anhang dieses Buches (Seite 267) findest du einen Hinweis, wo du die Musik-Kassette bestellen kannst, die speziell für die Übungen in diesem Buch zusammengestellt wurde. Außerdem findest du Tipps und Empfehlungen für weitere Platten mit arabischer Musik. Ich würde dir raten, schon zur

Gymnastik eine arabische Flötenmusik leise im Hintergrund spielen zu lassen. Sie hilft dir, abzuschalten, dich zu konzentrieren und zu dir selbst zu kommen. Gleichzeitig dient sie als Übergang zu den späteren, lebhafteren Tempi.

Lies dir die folgenden Übungsanleitungen gut durch, vergleiche sie mit den Fotos und fang einfach an, dich zu bewegen. Ich halte nicht viel davon, ständig vor dem Spiegel zu tanzen. Er hemmt deine Spontaneität und Kreativität. Du solltest allerdings ab und zu deine Bewegungen vor dem Spiegel kontrollieren; so gesehen, hat er durchaus eine wichtige Funktion.

Willst du kontinuierliche Fortschritte machen, solltest du die Abstände zwischen den einzelnen Übungsstunden nicht zu groß werden lassen. Es wäre gut, wenn du dir mindestens ein Mal wöchentlich dafür Zeit nehmen könntest: je öfter, desto besser.

Bevor du mit der Gymnastik beginnst, die zumeist aus Dehn- und Streckübungen besteht, noch ein nützlicher Hinweis: Lockere dich vorher gründlich auf, indem du beginnst, deine Glieder einzeln von unten nach oben zu schütteln. Du fängst mit den Füßen an, dann die Beine – jeweils einzeln –, anschließend das Becken, den Oberkörper, die Hände und Arme. Zuletzt schüttele deine Schultern und den Kopf. Zum Abschluss sollte dein gesamter Körper von den Zehenspitzen an ca. eine Minute lang vibrieren. Mach die gleiche Lockerungsübung noch einmal nach Beendigung der Gymnastik, bevor du zu tanzen beginnst. Damit tust du deinen Muskeln und Sehnen etwas Gutes und verhinderst mögliche Zerrungen und Überdehnungen.

Es ist außerdem generell wichtig, während der gesamten Gymnastik gut und tief durchzuatmen, das heißt in die Glieder, die du gerade besonders bewegst und anspannst, «hinein» zu atmen. Durch dieses bewusste Atmen werden deine Muskeln mit zusätzlichem Sauerstoff versorgt, und du fühlst dich nach der Gymnastik herrlich locker und leicht.

3. Übungen zum Aufwärmen, Dehnen und Lockern

Wiederhole die jetzt folgenden Übungen mindestens zehn Mal!

Übung I
Dehnungsübung – linke Hüfte, linker Arm

Übung II

a) Falte bei gestreckten Armen die Hände hinter deinem Körper,

b) beuge dich zurück, dann

c) nach vorn;

d) umfasse deine Knöchel und

e) setze schließlich die Hände flach auf dem Boden auf.

Übung III

a) Setze bei gestreckten Beinen die Fingerspitzen der linken Hand vor den Zehen des rechten Fußes auf.

b) Nun rechte Hand vor linken Fuß.

ohne Abbildung

II c

II d

II e

Übung IV
Bilde in Rückenlage mit deinem Oberkörper eine Brücke, ohne dich dabei mit den Armen abzustützen. Diese Übung dient zur Stärkung der Muskeln deines Brustkorbs.

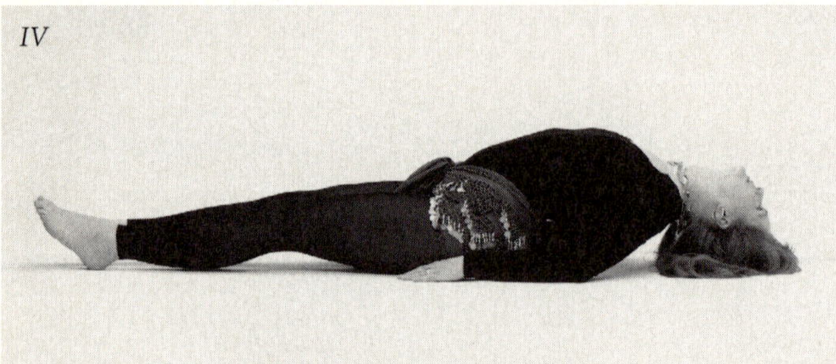

Übung V
Hebe dein Becken bei ausgestreckten Armen an und lass es in beiden Richtungen kreisen.

Übung VI

a) Zur Lockerung deines Oberkörpers: Atme ganz tief ein, bilde einen Katzenbuckel und halte deine Bauchmuskeln in dieser Stellung einige Sekunden fest.

b) Atme nun prustend aus und lockere dabei deine Bauchmuskeln ruckartig, sodass der Oberkörper durchhängt.

Übung VII

a) Knie dich hin; lass deinen Oberkörper nach hinten fallen, bis

b) deine Hände deine Fersen umfassen können. Stoße dich mit den Händen wieder ab, sodass dein Oberkörper wieder in die Ausgangsposition zurückkommt.

VII a

VII b

Übung VIII

a) Nach dieser Vorübung gehen wir zur eigentlichen Sultansbrücke über, die später als eigene Tanzfigur auftaucht; beuge dich so weit nach hinten, bis du

b) mit dem Kopf aufkommst;

c) strecke die Arme seitwärts aus, sodass du flach auf dem Boden zu liegen kommst.

VIII a

VIII b

VIII c

4. Grundstellung

Emotionalität, Einfühlsamkeit und die Fähigkeit, sich loslassen zu können, sind wichtige Voraussetzungen des Orientalischen Tanzes. Aber wir wollen uns nichts vormachen – Technik ist unersetzlich. Wer meint, Bauchtanz bestehe lediglich aus einem Hin- und Herschwenken des Beckens, irrt sich. Du musst versuchen, ein Gefühl für das Zentrum deiner eigenen Schwere zu bekommen, alle Möglichkeiten der Gewichtsverlagerung auszunutzen und, nicht zuletzt, vor Beginn des Tanzes die richtige Grundstellung einzunehmen.

Zuerst musst du lernen, richtig zu stehen, Kontakt zum Boden zu bekommen und auf deine Haltung zu achten. Denk dran: Sie soll zwar nicht gravitätisch, aber immer würdevoll sein. Also:

- Füße stehen ca. 15 cm auseinander, Knie leicht gebeugt,
- Oberkörper etwas nach hinten geneigt,
- Körpergewicht liegt auf beiden Fersen,
- Brustkorb rausdrücken,
- Kinn und Kopf nach oben gerichtet,
- Schultern locker hängen lassen,
- Hände befinden sich in Hüfthöhe, sind geöffnet, Handteller nach oben.

Grundbewegungen mit der Hüfte

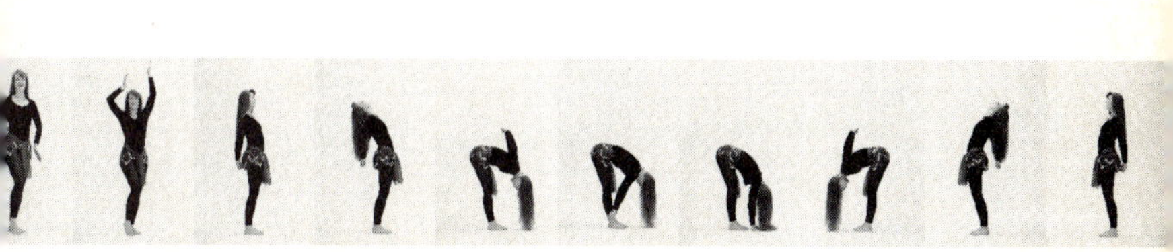

Großer Hüftkreis

a) Becken nach vorn drücken; Oberkörper zurückneigen.
b) Becken nach rechts schieben; Oberkörper nach links.
c) Becken nach hinten rausschieben, Oberkörper nach vorn neigen.
d) Becken nach links schieben, Oberkörper nach rechts – bis du wieder in der Ausgangsstellung bist und dein Becken nach vorn drückst.

Bevor wir zu den wichtigen Hüft-Grundbewegungen kommen, ein Hinweis zur Arm- und Handhaltung, die wir ausführlich im Kapitel IV behandeln werden: Bei aller Konzentration auf dein Becken und deine Hüften, achte gleichfalls auf deine Arme, damit sie nicht

b

a

an dir herunterbaumeln, als gehörten sie nicht zu dir. Ein anderer verbreiteter Anfängerfehler ist es, mit den Armen durch die Gegend zu rudern, als wolle man einen Luftkampf ausfechten.

Entweder du hältst deine Hände in Hüfthöhe mit geöffneten Handtellern (s. Grundstellung Seite 120) oder aber – Arme geöffnet, Hände ungefähr in Kinnhöhe, jeweils ca. 50 cm vom Gesicht entfernt – so, als hieltest du einen großen Wasserball fest.

Übrigens: Den hochgerafften Rock, der auf einigen Bildern zu sehen ist, trage ich nicht zum Tanzen. Er soll hier lediglich die Beinstellung bei den einzelnen Bewegungen sichtbar machen.

c

d

1. Hüftkreise

a) Kleiner Hüftkreis, auch «Mondkreis» (daurat-el-amar) genannt

- Grundstellung einnehmen.
- Wir beschreiben kleine, runde Kreise mit unserem Becken, indem wir es nach links, nach vorn, nach rechts und nach hinten verschieben.

Achtung! Die Bewegung kommt aus dem Becken heraus, nicht aus den Beinen – ein beliebter Anfängerfehler. Indem wir den Abstand zwischen unseren Füßen auf ca. 30 cm vergrößern, gehen wir über in den:

b) Großer Hüftkreis, auch «Sonnenkreis» (daurat-el-shams) genannt

- Becken nach vorn gedrückt, Oberkörper nach hinten geneigt.
- Knie locker und Arme zur Seite ausgebreitet (Abb. a,b,d) oder: linke Hand an der Schläfe. Übe so lange, bis du schöne, große, weiche Kreise machen kannst. Die besondere Schönheit dieser Bewegung besteht darin, dass sich die Hüften in die eine Richtung und der Oberkörper in die andere Richtung bewegen.

Versuche prinzipiell – und das gilt auch für alle folgenden Übungen –, diese nach links *und* rechts auszuführen. Du wirst nämlich bald entdecken, dass du eine Lieblingsseite hast. Dem solltest du frühzeitig vorbeugen. Im Extremfall kannst du Tänzerinnen beobachten, die mit der linken Hüfte brillante, kapriziöse Bewegungen zaubern, rechts jedoch wie gelähmt wirken.

c) Drehen im großen Hüftkreis

Die unter a) und b) beschriebenen Bewegungen haben wir im Stehen ausgeführt. Jetzt versuchen wir, uns einmal selbst zu drehen, wobei wir weiter mit den Hüften kreisen.

- Während der äußere Fuß mitschwingt und du ihn in Abständen immer ein Stückchen weiter aufsetzt, folgt der innere Fuß automatisch nach.
- Bei der Drehung nach rechts berührt der linke Handrücken die linke Schläfe, während die rechte Hand eine imaginäre Wasserwelle fortzuschieben versucht. Bei der Drehung nach links entsprechend umgekehrt.

Variation 1:
Wenn du dich in dieser Übung sicher fühlst, versuche, die Drehung durch Aufsetzen der äußeren Ferse zu akzentuieren.

Achtung! Diese Art der Drehung verlangt viel Training, sie wirkt sonst leicht wie ein Tanz mit einem Gipsfuß.

Variation 2:
Versuche eine Kombination von großen und kleinen Hüftkreisen hintereinander. Höre auf den Trommelschlag der Musik und beschreibe nach deren Tempo kleine oder große Kreise:
Schneller Trommelrhythmus = kleine Kreise
Langsamer Trommelrhythmus = große Kreise

Variation zu b: Wenn du den *Großen Hüftkreis* gut beherrschst, versuche den Kreis zu beschreiben und dabei mit dem Becken zwischenzufedern.

2. Hüftschleife

Die Hüftschleife ist eine Grundbewegung des Bauchtanzes, die bei Beherrschung ihres Prinzips viele Variationen zulässt. Du kannst sie langsam, schnell, weich oder auch im Stakkato-Rhythmus ausführen:

- Grundstellung einnehmen.
- Rechte Hüfte rausdrücken; rechte Ferse abheben und Gewicht auf den rechten Fußballen verlagern. Jetzt rechte Hüfte nach oben schieben: Brustkorb bewegt sich dabei nach links, bis
- sich das Körpergewicht schließlich auf dem linken Fuß befindet; rechter Fuß steht wieder flach auf dem Boden; nun umgekehrt:
- linke Hüfte rausdrücken, linke Ferse abheben. Gewicht auf linken Fußballen verlagern, linke Hüfte nach oben schieben, wobei sich der Brustkorb nach rechts bewegt.

Wenn du diese Übung machst, denk an folgenden Bewegungsablauf:

- Hüfte raus, abheben, nach oben drücken,
- Gewicht auf die andere Seite verlagern.
- andere Hüfte raus, abheben, nach oben drücken usw.

Üb so lange, bis du eine weiche, schleifenförmige Bewegung erreichst.

Variation 1:
Die Füße stehen hierbei weiter auseinander als bei der Grundstellung – ca. 30 cm –, aber die Knie sind gestreckt. Es folgt der gleiche Bewegungsablauf wie oben. Pass auf, dass die Bewegung nicht zu steif wirkt. Versuche jetzt abwechselnd, eine Schleife mit gestreckten und eine Schleife mit gebeugten Knien auszuführen.

Variation 2:
Wenn du dich in der Hüftschleife sicher fühlst, kombiniere sie mit einer nach oben gerichteten Armbewegung, und zwar bewegen sich deine Arme rhythmisch mit dem Hochstoßen der Hüfte.
Also: Linke Hüfte – linker Arm; rechte Hüfte – rechter Arm.

3. Figur Acht der Hüfte

a) Grundbewegung

Die Figur Acht der Hüfte baut auf der zuvor beschriebenen Hüftschleife auf.

- Sobald du die rechte Hüfte nach oben gedrückt hast (Seite 127), beschreibst du mit ihr einen Halbkreis nach innen, indem du deinen rechten Fußballen, auf dem dein ganzes Gewicht liegt, etwas nach innen drehst. Dies wird dir am Anfang helfen. Später kannst du ohne Verdrehen des Fußballens die Figur Acht ausführen.
- Nun verlagert sich dein Gewicht auf den linken Fuß.
- Die linke Ferse hebt ab, drückt die linke Hüfte in die Höhe und – Achtung! Da ist wieder der Unterschied zur Hüftschleife – du beschreibst einen Halbkreis mit der Hüfte, indem du die linke Fußspitze ein wenig nach innen drehst.

b) Schlangenacht

- Grundstellung
- Geh in die Knie und versuche, mit gebeugten Knien eine Acht zu beschreiben. Merklich schwerer, nicht wahr?
- Nachdem du einige Achten gedreht hast, gehst du, ohne mit der Übung aufzuhören, nach oben, bis du wieder in der Ausgangsstellung bist.
- Der schlangenartige Effekt wird dadurch erzielt, dass du möglichst schnelle Achten beschreibst, wobei du die Ebene von oben nach unten und umgekehrt veränderst, während die Knie sich beugen, strecken, beugen, strecken …

Variation 1:
Du kannst die Figur Acht variieren, indem du mit den Hüften wippst, sozusagen in kleinen Abständen zwischen - federst wie beim Großen Hüftkreis (Seite 124).

Variation 2:
Wenn du dich in der Figur Acht sicher fühlst, kombiniere sie mit der Armbewegung, wie zuvor beschrieben, nur machen wir sie jetzt entgegengesetzt - damit wird sie ein klein wenig schwieriger.
Also:

- Rechte Hüfte - linker Arm;
- Linke Hüfte - rechter Arm.

Wenn du bis hierher gekommen bist und diese drei Grundbewegungen beherrschst, darfst du dich freuen. Du wirst sie später beim Tanzen immer wieder benutzen, einflechten und mit anderen Figuren kombinieren.

4. Hüftschwung

Inzwischen ist dein Becken durch das Kreisen und die Figur Acht so locker geworden, dass dir die nächste Grundbewegung des Bauchtanzes – der Hüftschwung – nicht mehr so schwer fallen wird.

a) Einfacher Hüftschwung

- Grundstellung einnehmen.
- Verlagere dein Gewicht auf den rechten Fuß.
- Wirf deine linke Hüfte in die Höhe, sodass du auf der linken Zehenspitze aufkommst. Versuche dies ein paar Mal hintereinander. Dann probiere es mit der rechten Hüfte.
- Gewicht auf dem linken Fuß.
- Wirf die rechte Hüfte in die Höhe, sodass du auf der rechten Zehenspitze aufkommst.

Wenn du jetzt 2–3 Hüftschwünge (je nach Trommelschlag der Musik) abwechselnd mit der linken und rechten Hüfte machst, bist du bereits beim wechselseitigen Hüftschwung.

Achtung! Die Kraft des Hochstoßens kommt nur aus der Hüfte. Der Oberkörper bleibt ruhig. Denke an die Isolation.

b) Hüftschwung-Schritt

Was wir im Stehen geübt haben, wollen wir nun im Laufen probieren.

- Gewicht auf dem rechten Fuß.
- Wirf die linke Hüfte in die Höhe und gehe dabei mit dem linken Fuß einen Schritt nach vorn.

Durchquere so den Raum, und probiere es anschließend mit der rechten Hüfte.

Diesen Schritt kannst du variieren, indem du ihn wechselseitig ausführst, d. h. – je nach Trommelschlag – zwei Mal links und zwei Mal rechts.

c) Hüftschwung-Linie, auch das «M» genannt

Mit deiner Hüfte beschreibst du ein imaginäres M. Die Bewegung besteht aus drei Hüftschwüngen: Der erste nach vorn, der zweite zur Mitte (parallel zur Ausgangsstellung) und der dritte nach hinten.

- Gewicht auf dem rechten Fuß.
- Linke Hüfte nach oben werfen – aber im Gegensatz zu a) etwas mehr nach vorn zur Bauchmitte hin.
- Den zweiten Schwung etwas zurück zur Hüfthöhe;
- den dritten Schwung nach hinten raus.

Die linke Fußspitze wippt bei jedem Schwung mit. Zwischen dem jeweiligen Aufsetzen der Zehenspitze liegen ca. 10 cm. Probiere das Gleiche mit rechts.

d) Hüftschwung-Drehen

Wie beim Großen Hüftkreis (Seite 124) kannst du auch mit dem Hüftschwung eine Drehung um dich selbst ausführen:

- Gewicht auf dem rechten Fuß.
- Linke Hüfte hoch und ein wenig zur Mitte werfen. Dabei dreht sich der rechte Fuß ein wenig, bleibt aber trotzdem fest auf dem Boden und hebt nicht ab.
- Dann der nächste Hüftschwung, und der rechte Fuß dreht dabei wieder ein Stück weiter.

So kannst du dich mit 4 kräftigen Hüftschwüngen einmal um dich selbst drehen. Falls du – je nach Musik – lieber kleinere Schwünge machen willst, können es sogar 8–10 sein.

Variation:
Versuche, während der Drehung deinen Oberkörper so weit wie möglich nach hinten zu lehnen.

5. Hüft-Drop

«To drop» bedeutet etwas fallen lassen. Im Gegensatz zum Hüftschwung mit seiner nach *oben* gerichteten Bewegung besteht das Charakteristische des Hüft-Drops in der Bewegung der Hüfte nach *unten*, zum Boden hin.

a

a) Einfacher Hüftdrop

- Grundstellung
- Gewicht auf dem rechten Fuß.
- Drücke mit dem linken Fußballen deine linke Hüfte nach oben und lass sie dann einfach fallen.

Stell dir dabei einen Stuhl vor, auf den du dich gerade setzen wolltest und den dir ein Schelm weggezogen hat. Das macht dir aber nichts aus, denn dein Gewicht liegt ja immer noch auf dem rechten Fuß, und so fängst du die abfallende Bewegung mit dem rechten Bein auf!

Wiederhole dies einige Male und versuche es dann mit der anderen Hüfte. Halte dabei Oberkörper und Kopf ruhig und gerade.

b) Doppelter Hüft-Drop wechselseitig

Hör auf den Trommelschlag der Musik und versuche 2 kurze Hüft-Drops hintereinander:

- Gewicht auf dem rechten Fuß.
- 2 Hüft-Drops mit der linken Hüfte.
- nun Gewichtswechsel und
- 2 Hüft-Drops mit der rechten Hüfte.

Vielleicht hilft es dir zu zählen: 1–2; Pause; 3–4; Pause; 5–6; Pause; 7–8; Pause usw. Zwischen 2 und 3, 4 und 5, 6 und 7 usw. erfolgt jeweils der Gewichtswechsel zum anderen Fuß.

Üb so lange, bis du einen weichen Übergang von links nach rechts erreichst.

c) Hüft-Drop-Schritt

Wenn du nach jeder Auf- und Ab-Bewegung der Hüfte den entsprechenden Fuß (also: linke Hüfte = linker Fuß) ein paar Zentimeter nach vorn setzt, kannst du dich auf diese Weise langsam vorwärts bewegen. Arabische Tänzerinnen machen diesen Schritt fast nur rückwärts, wobei seine volle Schönheit erst richtig zur Geltung kommt.

c

d) Hüft-Drop-Drehung

- Gewicht auf dem linken Fuß.
- Mach 2 Hüft-Drops mit der rechten Hüfte.
- Beim zweiten Hüft-Drop verlagerst du dein Gewicht auf den rechten Fuß.
- Mit Schwung hebst du jetzt dein linkes Bein und drehst dich – während sich dein rechter Fuß mitdreht – um 180 Grad nach rechts.

Wenn du vorher mit dem Rücken zum Spiegel oder zum Publikum gestanden hast, stehst du ihm jetzt gegenüber. Wiederhole diese Figur ein paar Mal und probiere dann andersherum, d. h. beim Hüftdrop mit links erfolgt auch die Drehung nach links. Lass dein Bein schön flach und weit schwingen und nimm das Knie nicht zu hoch.

e) Hüft-Drop-Schwenken

- Beginne mit dem Hüft-Drop wie unter a) beschrieben.
- Bleib nach der Auf- und Ab-Bewegung der Hüfte auf der linken Zehenspitze, d. h., führe die Bewegung nicht bis ganz nach unten aus, sondern schwenke vorher deine Hüfte mit einem schönen weichen Schwung zur Bauchmitte nach vorn und wieder zurück.

e

Die Bewegung läuft also wie folgt ab: Hüfte geht hoch, runter (aber nur bis zur Hälfte), vor und zurück.

Nun wechsele das Gewicht zum linken Fuß und probier das Gleiche mit der rechten Hüfte.

Gut gemacht und an der richtigen Stelle eingesetzt, gehört das Hüft-Drop-Schwenken zu den kapriziösesten Bewegungen beim Bauchtanz.

Hüftwippen

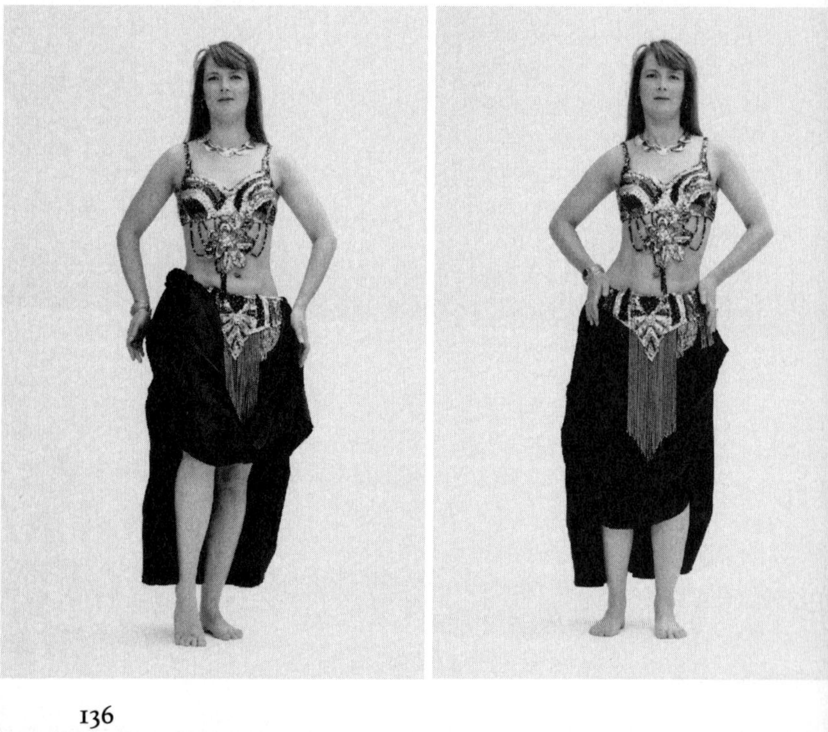

6. Hüftwippen

Das Hüftwippen besteht in einer wechselseitigen, schnellen Auf- und Ab-Bewegung der Hüften, die durch die Gewichtsverlagerung vom linken auf den rechten Fuß und das dadurch bedingte wechselseitige Abheben der Fersen entsteht.

a) Einfaches Hüftwippen

- Grundstellung, Arme in Wasserball-Position.
- Gewicht auf dem rechten Fuß.
- Geh jetzt mit deinem ganzen Gewicht auf den rechten Fußballen und stoße die rechte Hüfte in die Höhe.
- Jetzt verlagere dein Gewicht auf den linken Fußballen und stoße die linke Hüfte in die Höhe.

Mach dies erst langsam, bis dir der Bewegungsablauf klar ist, und werde dann schneller.

Stelle dir eine Wippe auf einem Kinderspielplatz vor, die sich rhythmisch hoch – runter – hoch – runter bewegt. So lass deine Hüften wippen, rhythmisch und im Takt.

b) Hüftwippen im Laufen

- Versuche, kleine Schrittchen nach vorn zu machen, *ohne mit dem Wippen aufzuhören.*
- Mach diese kleinen Schritte nun auch rückwärts,
- zur Seite
- und im Kreis.

c) Hüftwippen mit Zwischenhüpfer

Höre auf den Trommelschlag der Musik, lass deine Hüften wippen und zähle dabei:

- 1 (rechts); 2 (links); 3 (rechts);
- 4 linken Fuß vom Boden abheben, linke Hüfte nach oben schieben und mache einen weichen, winzigen Hüpfer.

Probiere das Gleiche umgekehrt:

- 1 (links); 2 (rechts); 3 (links); 4 (Hüpfer) usw.

d) Figur «Maya»

- Stelle dich entspannt hin und setze einen Fuß vor den anderen.
- Drehe die Hüfte ein wenig nach vorne. Die Arme beschreiben einen Bogen, sodass die Hände in Hüfthöhe nach außen abknicken.
- Während du die Hüften auf und ab bewegst, betonen die Hände die Hüftbewegung.

Figur «Maya»

7. Hüftpendel

Während das Hüftwippen – wie zuvor beschrieben – in einer Auf- und Ab-Bewegung geschieht, kräftig unterstützt durch Fußarbeit, bewegen sich deine Hüften beim Hüftpendel parallel zum Boden – vor und zurück. Beide Füße bleiben beim einfachen Hüftpendel flach auf dem Boden.

a) Hüftpendel einfach

- Grundstellung einnehmen.
- Drehe deine linke Hüfte so weit wie möglich nach vorn zur Bauchmitte hin.
- Während du sie langsam zur Ausgangsposition zurückbewegst, dreht sich automatisch deine rechte Hüfte vor.

Beginne langsam. Wenn dein Körper die Bewegung verstanden hat, kannst du schneller werden.

Falls du früher einmal Twist getanzt hast oder es noch heute tust, wird dir dieses «Pendeln» oder «Twisten» der Hüften leichter fallen.

b) Hüftpendel horizontal

Die Bewegung verläuft von links nach rechts oder umgekehrt und entsteht wieder durch Gewichtsverlagerung.

- Fange mit den Hüften zu pendeln an wie oben beschrieben.
- Fahre fort damit, während du mit dem linken Fuß einen Schritt nach links machst. Dein Gewicht liegt jetzt auf dem linken Fuß, während dein rechter Fuß ein paar Zentimeter über dem Boden schwebt.
- Jetzt schiebe deinen Oberkörper langsam auf die rechte Seite, mache mit dem rechten Fuß einen Schritt nach rechts und verlagere dein Gewicht darauf. Nun schwebt dein linkes Bein über dem Boden.

Du bewegst also deinen Körper von links nach rechts und umgekehrt, während du mit den Hüften pendelst. Achte darauf, dass während der ganzen Figur dein Oberkörper leicht zurückgeneigt ist.

c) Hüftpendel vertikal

Hierbei verläuft die Bewegung von oben nach unten und umgekehrt:

- Grundstellung.
- Fange zu pendeln an und pendele weiter, während du jetzt noch tiefer in die Knie gehst.
- Komme langsam wieder hoch und pendele auf den Zehenspitzen weiter.

Indem du jetzt noch abwechselnd dein Gewicht vom linken auf den rechten Fuß verlagerst, wie unter b) beschrieben, erzielst du eine weitere hübsche Variante dieser Figur.

Wenn du – während du immer weiterpendelst – kleine Schritte vor, zurück oder zur Seite machst, kannst du dich auf diese Weise durch den Raum bewegen.

Üb das Hüftpendel so lange, bis es leicht und elegant aussieht und deine Hüften ganz schwerelos pendeln.

Bewegungen mit Brustkorb, Armen, Händen, Schultern und Kopf

Während du deine Hüftübungen absolvierst, fragst du dich vielleicht: Was soll ich mit meinem Oberkörper während des Tanzens tun?

Nun, im Folgenden wirst du dazu Anregungen, Vorschläge und Ideen finden. Probiere alle Übungen aus und finde selbst heraus, was dir am meisten liegt oder am besten zu dir passt.

Bei allem vergiss nicht das Grundprinzip des Bauchtanzes – die Isolation. Achte darauf, dass du entweder *nur* den Brustkorb bewegst, *nur* die Arme, *nur* die Schultern oder *nur* den Kopf. Dies ist natürlich eine Sache der Konzentration und der ständigen Übung.

Lass dich nicht entmutigen, wenn es nicht gleich auf Anhieb klappt.

1 a

1. Brustkorb-Bewegungen

a) Brustkorb-Verschieben

- Grundstellung.
- Atme tief ein und hebe deinen Brustkorb in die Höhe.
- Schiebe ihn langsam zur linken Seite und atme aus.
- Wenn du wieder in der Ausgangsstellung bist, hol erneut tief Luft und schiebe deinen Brustkorb diesmal nach rechts.

Mache diese Übung langsam und gründlich und achte darauf, dass deine Schultern und Hüften ruhig bleiben. Betrüge dich nicht selbst, indem du dich einfach nach links oder rechts hinüberlehnst. Die Kraft kommt allein aus den Muskeln deines Brustkorbs, die du vermutlich in den letzten Jahren wenig gebraucht hast.

b) Brustkorb-Kreisen (auch «Diamantenrolle» genannt)

Während du zuvor deinen Brustkorb nach links und rechts versetzt hast, sollst du jetzt versuchen, ihn zusätzlich noch nach vorn und hinten zu schieben. Stelle dir vier Punkte auf einem um dich gezogenen Kreis vor – links, vorn, rechts und hinten –, die du mit deinem Brustkorb nachziehst.

- Beginne, indem du deinen Brustkorb nach links versetzt.
- Jetzt atme tief ein und schiebe ihn nach oben und etwas nach vorn;
- dann zur rechten Seite.
- Während du jetzt ausatmest, sinkt dein Brustkorb ein, und du machst einen kleinen Buckel.
- Beginne nun wieder von neuem: nach links, nach vorn, nach rechts und nach hinten.

Das richtige Atmen ist am Anfang für dich ein wichtiges Hilfsmittel. Später jedoch wirst du deinen Brustkorb ganz unabhängig vom Atmen rollen und kreisen können.

c) Brustkorb-Welle

Während dein Brustkorb bei der Diamantenrolle einen *horizontalen* Kreis beschrieben hat, sollst du jetzt versuchen, deinen Brustkorb in einem *vertikalen* Kreis zu bewegen. Vielleicht hilft es dir, wenn du dir vorstellst, dass deine Bewegungen wie auf einem Zifferblatt einer Wanduhr ablaufen.

- Grundstellung, aber Daumenballen auf den Beckenknochen. Deine Schultern sind bei 12 Uhr.
- Hebe deinen Brustkorb nach vorn und nach oben auf 9 Uhr, jetzt noch höher bis auf 12 Uhr.
  Achtung! Die Schultern ruhig halten - nicht mit hochheben.
- Während du deinen Rücken jetzt rundest, sinkt dein Brustkorb ein, und du befindest dich bei 3 Uhr.
- Nun lass ihn ganz fallen, bis du bei 6 Uhr angekommen bist.

Auch hierbei kann richtiges, auf die Bewegung abgestimmtes Atmen hilfreich und unterstützend sein. Hole tief Luft bei ca. 9 Uhr und beginne mit dem Ausatmen bei ca. 3 Uhr.
Diese Brustkorbwelle musst du gründlich üben, bis du sie wirklich beherrschst, denn sie ist die Voraussetzung für den Kamelgang, den wir in Kapitel V behandeln werden.

c

d) Arabischer Grundschritt mit Brustkorb-Verschieben, -Kreisen und -Welle

Für diesen einfachen arabischen Grundschritt nimm die Grundstellung ein, Knie aber diesmal durchdrücken.

- Geh mit dem linken Fuß einen Schritt nach vorn, während der rechte abhebt und dann nochmals zurück auf die gleiche Stelle tritt.
- In diesem Augenblick hebt automatisch der linke Fuß ab, mit dem du dann ebenfalls nochmal auf die gleiche Stelle zurücktrittst. Damit ist die erste Schrittphase beendet.
- Du fährst fort, indem du jetzt den rechten Fuß vorsetzt;
- links hebt ab, tritt wieder zurück,
- rechts hebt ab, tritt wieder zurück usw.

Wenn dir Zählen hilft, um den Rhythmus zu erfassen: 1 – (linker Fuß macht einen Schritt); 2 – (rechter Fuß hebt ab und tritt nochmals auf); 3 – (linker Fuß hebt ab und tritt nochmals auf) – usw.

Diesen Schritt kannst du variieren; er hat viele Möglichkeiten. So kannst du ihn schneller, langsamer, wiegend oder hüpfend tanzen.

Nun folgt eine Schwierigkeit, der du in den folgenden Kapiteln noch oft begegnen wirst, nämlich die Bewegungen der verschiedenen Körperteile miteinander zu *koordinieren.* In diesem Falle musst du dich nun auf deine Füße *und* auf deinen Oberkörper gleichzeitig konzentrieren. Es ist daher ratsam, zuerst den Schritt so lange zu üben, bis du ihn wirklich «in den Beinen» hast, und ihn erst dann mit den verschiedenen Brustkorb-Bewegungen zu kombinieren und zu koordinieren.

2. Arm- und Handbewegungen

Fragt man jemanden, der nur wenig Gelegenheit hatte, Bauchtanz zu sehen, nach seinem Eindruck, so erhält man oft zur Antwort: «Vor meinem geistigen Auge sehe ich noch immer ein rhythmisches Schwingen, Federn, Kippen und Kreisen von Becken und Hüften.»

Zugegeben, diese Bewegungen fallen auf. Aber ohne grazile, auf die Hüften gut abgestimmte und koordinierte Arm- und Handbewegungen leidet der gesamte Tanz. Er wirkt holprig und unfertig.

Das ungehinderte Fließen der Energie von den Zehen zu den Fingerspitzen und dann aus dir heraus zu den Menschen, für die du tanzt, wird ganz wesentlich von schönen und ausdrucksvollen Bewegungen der Arme und Hände beeinflusst. Wenn du sie richtig ausführst, musst du sie in deinem Bauch spüren!

Wie in einem arabischen Orchester erst das Zusammenspiel von «Tabla», «Oud» und «Nay» (s. Seite 227) ein harmonisches Ganzes ergibt, so solltest auch du die folgenden Bewegungen nicht nur als notwendiges Übel oder nur als «Umrahmung» deiner Hüften ansehen, sondern als einen eigenständigen, unabdingbaren Bestandteil des Tanzes überhaupt.

Der Tanz ist eine Körpersprache, und gerade die Hände sind beim Bauchtanz – wie auch übrigens bei den anderen asiatischen Tänzen – ein wichtiges Ausdrucksmittel. Du kannst durch sie ein Abwehren, Locken, Dich-Öffnen, kannst Stolz, Scheu, Hingabe usw. ausdrücken. Lass dich in die Musik hineinfallen und gib deiner Phantasie Raum. Schließe am Anfang die Augen und konzentriere dich ganz auf die Melodie. Mit der Zeit – entsprechend deinen Fortschritten – wirst du selbst feststellen, dass du die isolierten Arm- und Handbewegungen meist während des Oud- und Nay-Solos einsetzen wirst, die Becken – und Hüftbewegungen dagegen während eines kräftigen Trommelsolos.

a) Armhaltungen

Hüft- und Wasserball-Position
Die Hüft- und Wasserball-Positionen sind uns bereits bekannt. Sie werden hier der Vollständigkeit halber noch einmal aufgeführt.

Die Hüftposition bezeichnet jene Handhaltung in der Grundstellung (vgl. S. 120), d. h. geöffnete Handteller in Hüfthöhe. Eine andere Hüftposition haben wir ebenfalls schon zuvor kennen gelernt: Daumenballen auf den Hüftknochen.

Die Wasserball-Position wird auf S. 123 zu Beginn der Grund-Hüftbewegungen beschrieben.

Umrahmende Hoch-Seit-Armhaltung
Diese Pose wird von einigen Bauchtanz-Lehrenden als die Grund-Armhaltung im Tanz angesehen. Sie passt zu allen Musik-Tempi und wirkt immer sehr anmutig.

Türkische Armpose
Diese Armhaltung würde ich eher als indisch bezeichnen, woher sie nach Meinung arabischer Tänzerinnen auch stammt. Aber im Interesse einer Vereinheitlichung der Bauchtanz-Sprache, wo sich – insbesondere im anglosächsischen Sprachraum – der Begriff «türkisch» eingebürgert hat, wollen auch wir dabei bleiben.

Dies ist die Armhaltung während des Kopfgleitens und -kreisens, das unter Punkt 4 dieses Kapitels behandelt wird.

Schläfe-Hüfte-Armhaltung
Die Schläfe-Hüfte-Armhaltung ist sehr typisch für den Orientalischen Tanz und wirkt besonders anmutig beim Kamel-Gang (Kap. V/2).

b) Armbewegungen
Bei allen folgenden Armbewegungen stelle vor Beginn ein Bein etwas schräg vor das andere und nimm mit den Armen die Wasserball-Position ein, sofern nichts anderes vermerkt ist.

Schlangenarme
Um die Schlangenarme und die Geflügelten Schlangenarme effektvoll und richtig auszuführen, müssen wir zuerst einmal lernen, Schultern und Ellenbogen isoliert zu bewegen. Die «Hebelkraft» für die Schlangenarme kommt allein aus den Schultern. Ihr Charakteristikum sind die nach oben gerichteten Ellenbogen, die ihre Grazie ausmachen.
Du kannst diese wellenförmigen Armbewegungen auch ausführen, indem du die Arme waagerecht nach vorn streckst (s. Seite 154).

Schlangenarme

Die *Vorübung* für die Schlangenarme besteht darin,

- zuerst die rechte Schulter nach vorn und zurück zu stoßen. Achtung! Dein Ellbogen ist dabei zur Decke gerichtet.
- Winkele nun deinen Arm etwas mehr an und schieb deine Schulter zuerst nach oben und dann nach unten. Üb das so lange, bis du das Gefühl hast, dass dein Arm allein von der Schulter hochgezogen wird. Er bleibt nämlich passiv und bewegt sich nicht aktiv mit; das gilt ebenso beim Vor- und Zurückstoßen der Schultern.

Vorübung

Nachdem du diese Vorübung absolviert hast, können wir jetzt zu den Schlangenarmen übergehen:

- Durch die Hebelwirkung deines Schultergelenks ziehst du nun deinen rechten Arm nach oben. Die Bewegung hat etwas Marionettenartiges an sich, denn dein Unterarm baumelt locker herab.
- Über dem Kopf angelangt – die Innenfläche deiner Hand zeigt jetzt nach außen –, macht sich dein rechter Arm sozusagen wieder auf den Rückweg, und der linke Arm beginnt, seine Bahn nach oben zu beschreiben. Übe zuerst, jeden Arm einzeln zu bewegen, bevor du in das versetzte Schlangenarm-Kreisen übergehst.

Vielleicht wirst du dieses schlangenartige Kreisen der Arme anfangs als anstrengend empfinden. Schulter und Ellbogen ermüden von der ungewohnten Konzentration sehr rasch. Wenn du diese Bewegung aber einmal beherrschst und deine Arme in der mittleren Stellung ein schönes, weiches «S» bilden, dann wirst du deine Freude an dieser schönen, stolzen Bewegung haben.

Geflügelte Schlangenarme
Diese Bewegung basiert auf dem gleichen Prinzip wie die vorhergehende: Die Kraft kommt allein aus den Schultern. Der Ellbogen weist nach hinten.

- Nimm die am Anfang beschriebene Position ein und beginne, deine Arme wellen- bzw. schlangenartig zu bewegen. Höre dabei auf den Buzuk- oder Flötenpart der Musik.

Vielleicht hilft es dir, wenn du dir dabei einen größeren Vogel vorstellst, z. B. einen Adler, der – seine Flügel schwingend – zum Flug ansetzt.

Begrüßungsarme
Diese Bewegung stammt aus der Schrittfolge des arabischen Tanzschrittes «Masmoudi Kabir», mit dem die einheimischen Tänzerinnen in dieser Armkombination oft ihren Tanz einleiten. Daher der Name Begrüßungsarme.

Die Bewegung besteht aus 2 flachen Kreisen, die mit beiden Händen und geöffneten Handtellern ausgeführt werden.

- Nimm für diese Bewegung die auf S. 120 beschriebene Grundstellung ein.
  Fang an zu zählen: 1, 2, 3, 4 – 1, 2, 3, 4 –
- Bei 1 befinden sich die geöffneten Handteller noch in Hüfthöhe.
- Bei 2 treffen sie sich fast – ca. 50 cm vor deinem Bauch; dein Oberkörper neigt sich dabei etwas nach vorn.
- Bei 3 sind deine Hände am äußersten Punkt des Kreises angelangt, Oberkörper hat sich wieder etwas zurückgebeugt.
- Bei 4 befinden sie sich wieder in der Ausgangsposition, d. h. in Hüfthöhe.

Variation 1:
Kombiniere die Begrüßungsarme mit einem leichten Hüftwippen, das du durch wechselseitiges Abheben der Fersen, bedingt durch Gewichtsverlagerung vom linken auf den rechten Fuß und umgekehrt, erreichst (S. 136)
Wieder zählst du:

- Bei 1 hebst du die rechte Ferse ab und setzt gleichzeitig deine Hände in Bewegung.
- Bei 2 hebst du die linke Ferse ab; die Hände treffen sich fast vor deinem Bauch.
- Bei 3 wieder die rechte Ferse; Hände befinden sich am äußeren Rand des Kreises.
- Bei 4 wieder die linke Ferse; Hände sind wieder in der Ausgangsposition – usw.

Variation 2:
Kombiniere die Begrüßungsarme mit dem Kleinen Hüftkreis.

Richtig ausgeführt, sollte mit dieser Armbewegung ein Sich-Hingeben, ein Wegfließen, doch gepaart mit Stolz und Würde, ausgedrückt werden.

Figur Acht der Hände

- Hände befinden sich in Gesäßhöhe, Handflächen zeigen nach hinten.
- Führ deine Hände nach vorn zum Bauch, sodass sich die Handrücken fast berühren; öffne sie, sodass die Handflächen nach oben zeigen.
- Führe die geöffneten Hände an deinen Hüften vorbei hinter dein Gesäß. Beschreibe hinter deinem Gesäß einen kleinen Kreis nach außen, bis deine Hände wieder in ihrer Ausgangsposition sind.

Durch diesen Bewegungsablauf ist so eine Figur Acht der Hände entstanden.

Variation 1:
Seitliche Figur Acht
Dreh deinen Oberkörper zur linken Seite und führe die Figur Acht mit beiden Händen über der linken Hüfte aus. Mach dies drei Mal, dreh dann deinen Oberkörper nach rechts und führe die gleiche Handbewegung drei Mal über der rechten Hüfte aus.

Variation 2:
Kombiniere die Figur Acht der Hände mit einem leichten Vor- und Zurückkippen des Beckens. Lass deine Augen dabei sprechen. Blick abwechselnd auf deine Hüften und dann auf die Zuschauer, als wolltest du sagen: «Seht her, ich bin stolz auf meine weiblichen Hüften, schaut, was ich alles damit machen kann!»

Schlangenarme nach vorne

c) Fingerhaltung und Handbewegungen

Graziöse Fingerhaltung

Es gibt einen einfachen kleinen Trick, um deine Hände von Anfang an nicht plump aussehen zu lassen. Spreize einfach deine beiden Mittelfinger etwas nach unten. Gewöhne dir das gleich zu Anfang an, und falls ihr zusammen übt, macht euch gegenseitig immer darauf aufmerksam. Konzentriere deine gesamte Energie in deinen Mittelfinger als den äußersten Punkt deines Armes.

Beherzige diese beiden Hinweise, wenn du jetzt die Handkreise übst:

Handkreise

- Berühre mit dem linken Handrücken deine Schläfe und beschreibe mit der rechten Hand kleine Kreise, wobei sich *nur* dein Unterarm reflexartig mitbewegt.
- Während du weiter mit der Hand kreist, gehst du mit deinem Arm von oben nach unten, ungefähr von Kopf- bis Hüfthöhe.
- Nimm jetzt den rechten Handrücken an die Schläfe und führe die Handkreise mit der linken Hand aus.
- Kreise weiter, aber jetzt zusätzlich von vorn nach hinten, d. h., beginne in Brusthöhe und ende am Gesäß.

Handwellen

Stell dir hierbei einen Apfel vor, den du mit deiner Hand umfassen und streicheln möchtest:

- Der linke Handrücken befindet sich an deinem Kopf.
- Deine rechte Hand beginnt sich wellenartig ab Kopfhöhe nach unten bis etwa in Hüfthöhe zu bewegen.
- Von dort aus geh nach vorn zur Bauchmitte und wieder zurück.
- Probiere das Gleiche mit der linken Hand.
- Konzentriere während dieser Handwellen deine gesamte Energie in deine Handballen.

Lass deine Phantasie spielen und erfinde selbst neue Bewegungen mit Handkreisen und Handwellen.

3. Schulterbewegungen

a) Schultertwist

Auf Seite 151 haben wir gelernt, die Schultern isoliert zu bewegen. Vergegenwärtige dir diese Übung noch einmal, bevor wir zum Schultertwist übergehen:

- Arme in Wasserball-Position.
- Schieb deine rechte Schulter zwei Mal ruckartig nach vorn und zwei Mal ruckartig nach hinten.
- Führe die gleiche Bewegung mit der linken Schulter aus.

Variation:

Höre auf den Trommelschlag der Musik und twiste deine rechte Schulter zwei Mal nach vorn und die linke Schulter zwei Mal nach hinten. Mach es abwechselnd.

Es wirkt besonders anmutig, wenn du dabei deinen Kopf mitdrehst; er blickt zur rechten Seite, wenn du mit der rechten Schulter twistest, und nach links, wenn du es mit der linken Schulter tust.

b) Schulterkreise

Die Schulterkreise bauen ebenfalls auf der Isolationsübung für die Schultern auf.

- Winkle deinen Arm an, Ellbogen nach oben gerichtet, sodass dein Arm ein Dreieck bildet.
- Beginne zuerst, mit deiner Schulter von vorn nach hinten zu kreisen.
  Nur die Schulter kreist, dein Arm bewegt sich marionettenartig passiv mit.
- Kreise jetzt von hinten nach vorn.
- Probiere das Gleiche jetzt mit der anderen Schulter.
- Kreise zum Abschluss abwechselnd mit der linken und der rechten Schulter.

c) Schulterschimmy

Der Schultertwist ist eine eigenständige Tanzbewegung, aber gleichzeitig auch eine Vorübung für den Schulterschimmy, der darauf aufbaut.

- Arme in Wasserball-Position.
- Stoße deine linke Schulter nach vorn –
- jetzt die rechte; mach es abwechselnd.
- Beginne zuerst langsam und werde dann immer schneller.
- Halte Brustkorb und Arme angespannt, damit das «Schulterschütteln» sauberer und besser rauskommt.

Mancherorts nennt man diese Bewegung auch «Brustschimmy»; fälschlicherweise, denn wir schütteln die Schultern und nicht die Brüste, die sich nur passiv mitbewegen. Ich muss zugeben, dass ich in Nordafrika auch einen ausgesprochenen Brustschimmy gesehen habe, der jedoch ordinär wirkte.

Achtung! Schau daher bei diesem Schimmy niemals hinunter auf deine Brüste, sondern blicke hoch erhobenen Hauptes ins Publikum.

Dieser Hinweis ist gerade für die folgende Variation äußerst wichtig!

Variation 1:

- Arme in Wasserball-Position, ein Bein schräg vor das andere.
- In aufgerichteter Stellung beginnst du mit dem Schimmy.
- Neige deinen Oberkörper langsam nach vorn, während dein Kopf hoch erhoben bleibt.
- Langsam beugt sich dein Oberkörper wieder nach hinten, ohne dass du mit dem Schimmy aufhörst.

Variation 2:

Durchquere im arabischen Grundschritt den Raum, während du mit den Schultern twistest, kreist oder «schimmiest».

4. Kopfbewegungen

a) Kopfgleiten

Diese Bewegung ist eindeutig fernöstlichen Ursprungs, hat aber schon seit langem Eingang in den arabischen Tanz gefunden und ist sogar in Algerien und Marokko bekannt.

- Halte deine Handflächen aneinander gepresst unter dein Kinn.
- Versuche jetzt, *nur* deinen Kopf ein Mal nach links und ein Mal nach rechts zu verschieben.
- Die Kraft kommt aus deiner Nackenmuskulatur. Wenn du es richtig machst, solltest du am Anfang ein Ziehen von den Ohren zur Nackenwirbelsäule spüren.

Variation:

Nimm die türkische Armpose ein (S. 149) und stell dir vor, dass sich dein Nacken im Mittelpunkt eines Halbkreises befindet:

- Gleite jetzt zwei Mal nach vorn *links,* das erste Mal ein wenig länger als das zweite Mal.

a

- Jetzt gleite zwei Mal nach vorn *rechts,* wiederum das eine Mal etwas länger als das andere.
- Gleite abwechselnd und im Takt zur Musik.

b) Kopfkreisen

Aus dem Kopfgleiten entwickelt sich das Kopfkreisen:

- Halte deine Schultern vollkommen ruhig und beginne mit deinem Kopf horizontal zu kreisen.
- Zuerst von links nach rechts und dann umgekehrt.
- Schau dabei am Anfang auf deine Nasenspitze und kreise mit ihr – dein Kopf kreist dann automatisch mit.

5. Tanzkombinationen

Erfahrungsgemäß fällt es vielen Frauen schwer, die verschiedenen Bewegungen und einzelnen Übungen zu einem harmonischen Tanz zu verbinden. Das hängt meiner Meinung nach nicht unbedingt mit mangelnder Phantasie zusammen, sondern in vielen Fällen auch mit dem ungewohnten Rhythmus der arabischen Viertel-Ton-Musik. Je vertrauter du mit der Musik wirst, je tiefer sie in dich eindringt, desto leichter werden dir auch die Bewegungen dazu fallen. Deshalb solltest du gerade zu Anfang viel arabische Musik hören – nach Möglichkeit auch dann, wenn du nicht übst.

Du wirst ohnehin nicht verhindern können, dass du in Gedanken mittanzt, und dieses «mentale Training» hat durchaus seinen wichtigen Stellenwert.

Wenn wir in den Kursen alle Grundbewegungen mit der Hüfte und dem Oberkörper absolviert haben und die Frauen in einer dafür vorgesehenen Übungsstunde beginnen, einander vorzutanzen, heißt es nach den ersten Hüftschwüngen, Hüftschleifen und vielleicht gerade noch einem Hüftkreis oft verzweifelt: «Und was mache ich nun?»

Die beiden folgenden Tanzkombinationen sollen dir deshalb eine Hilfe sein, sollen deine Phantasie anregen und dir zeigen, dass du schon jetzt ein schön ausgewogenes Tanzprogramm füllen kannst.

Kombination 1 (langsamer Beginn)

Stelle deine Lieblingsmusik an und konzentriere dich auf sie:

- Komm mit einem Hüftpendelschritt in den Raum (S. 140), dreh dich in der Mitte des Raumes 2-mal um dich selbst und pendele weiter. Arme in Wasserball-Position und Handkreisen (S. 156).
- Geh über in das horizontale Hüftpendel (S. 140), mach es langsam und ausgeprägt (6-mal).
- Begrüßungsarmbewegung mit Hüftkreis (S. 153), 6-mal. Dreh dich dabei ein Mal um dich selbst.
- Geh über in die Hüftschleife, dazu Schlangenarme, 4-mal (S. 126/150).
- Figur Acht der Hüfte – 4-mal langsam und 4-mal schnell – dazu Türkische Armposition – (S. 128/149).
- Kleine Hüftkreise, lauf dabei zur Seite (ca. 6 Schritte).
- Großer Hüftkreis mit Zwischenfedern, 4-mal, (S. 124) mit Schläfe-Hüfte-Armhaltung (S. 149).
- Drehung im Großen Hüftkreis (S. 125).
- Arabischer Grundschritt mit Brustkorbverschieben (6 Schritt) – Daumenballen auf Beckenknochen.
- Arme in umrahmender Hoch-Seithaltung und Übergehen in den Hüftschwungschritt, halte zwischendurch ein und mach das Hüftschwung-«M». (S. 132).
- Geh über in die Hüftschwungdrehung mit zurückgebeugtem Oberkörper, komm wieder hoch (S. 132), und
- dreh dich noch einige Male um dich selbst und beende deinen Tanz, indem du deinen Kopf nach oben wirfst und genau mit dem letzten Trommelschlag stillstehst.

Kombination 2 (schneller Beginn)

- Beginn mit dem wechselseitigen Hüftschwungschritt und umrunde damit den Raum; Arme in Wasserball-Position (S. 123),
- Hüftwippen, zur Seite laufen, 4 Schritte, Hüftwippen im Kreis mit Zwischenhüpfer (S. 138),
- Hüft-Drop, 4-mal – Schläfe-Hüfte-Armhaltung (S. 149), Doppelter Hüftdrop wechselseitig, 4-mal (S. 134),
- Hüft-Drop-Drehung (S. 135),
- Hüftpendelschritte (S. 140) und
- Übergang in die Figur Acht (S. 128) 4-mal und geflügelte Schlangenarme (S. 152),
- Schlangenacht, 4-mal (S. 129),
- Arabischer Grundschritt mit Brustkorbwelle, 4-mal (S. 146),
- Arabischer Grundschritt mit Schultertwist (S. 158),
- Arme in Hüftposition.
- Türkische Armposition und Kopfgleiten und Kopfkreisen (S. 160/161),
- Übergang in den Hüftschwung und seitliche Figur Acht der Hände (S. 154).
- Hüftschwung-Drehung – einfache Drehung und beende deinen Tanz wieder exakt mit dem letzten Trommelschlag (S. 132).

Bei einigen Schritten sind absichtlich keine Armbewegungen angegeben; hier kannst du deine eigene Phantasie spielen lassen.

Tanzbewegungen für Fortgeschrittene

1. Becken-Welle

a) Einfache Becken-Welle

- Nimm die Grundstellung ein.
- Spann dein Becken an und gehe noch etwas mehr in die Knie.
- Komm wieder hoch, indem du dein Becken nach vorn schwingst und nach oben rollst, bis du wieder in der Ausgangsposition bist.
- Halte deinen Oberkörper dabei so ruhig wie möglich.

b) Becken-Wellen-Schritt

Erst wenn du im Stand ein Gefühl für die wellenartige Bewegung deines Beckens bekommen hast, versuche, damit auch zu gehen:

- Verlagere dein Gewicht auf das rechte Bein, gehe in die Knie und schwing dein Becken dabei nach vorn.
- Roll es nach oben und zurück, mach dabei einen Schritt mit dem linken Bein nach vorn und verlagere dein Gewicht darauf.
- Geh nun wieder in die Knie, schwing dein Becken nach vorn, rolle es nach oben und mach den nächsten Schritt – nun wieder mit dem rechten Bein usw.

c) Becken-Wellen-Schwingschritt oder Gazellenschritt

Der arabische Schwingschritt ist ein wunderschöner, weicher Schritt und beflügelt zu mancherlei Variationen. Vergegenwärtige dir noch einmal den arabischen Grundschritt (S. 109) – du zählst jetzt aber bis 4.

1 (li), 2 (re), 3 (li), *bei* 4 *schwingst du dein rechtes Bein schön flach zur Seite,* sodass es schräg vor dem linken zum Stehen kommt. Nun das linke Bein usw.

Damit dieser Schritt zum Gazellenschritt wird, musst du ihn wie folgt mit der Becken-Welle kombinieren:

- Beginne mit links. Beim ersten Schritt schwingst du dein angespanntes Becken nach vorn.
- Beim zweiten Schritt mit dem rechten Bein schwingst du es nach oben und zurück.
- Beim dritten Schritt (wieder mit links) schwingst du dein Becken erneut nach vorn, und
- beim 4., dem Schwingschritt (mit rechts), rollt es wieder zurück; wenn du mit dem Schwingbein aufkommst, ist dein Becken wieder in seiner Ausgangsposition.

Achtung! Du machst also während der 4 Schritte 2 Beckenwellen.

Variation:
Gazellenschritt und Hüftkreis.

- Hast du mit dem rechten Schwingbein den Boden wieder berührt, bleib stehen und beschreibe einen schönen Großen Hüftkreis nach rechts.
- Fahr mit dem *rechten* Fuß im Gazellenschritt fort, bis du mit dem linken Schwingbein wieder Bodenkontakt hast, bleib stehen und beschreibe einen schönen Großen Hüftkreis nach links usw.

2. *Kamel-Gang*

a) Grundbewegung im Stehen

Die Vorübung zur «Kamelbewegung» (die der eines echten Kamels durchaus ähnelt, wie du feststellen wirst) haben wir bereits hinter uns, und zwar die Brustkorb-Welle auf S. 144 und die Becken-Welle im letzten Kapitel. Der Kamel-Gang ist eine Kombination von beiden.

Weshalb nun dieser Kamel-Gang vielen Frauen so schwer fällt (es gibt auch Ausnahmen), liegt meiner Ansicht nach daran, dass es gar nicht leicht ist, die einzelnen Körperteile zu koordinieren. In diesem Falle bewegen wir den Oberkörper *und* das Becken, und dieses Miteinander ergibt etwas ganz Neues – die Kamelbewegung, bei der der ganze Körper förmlich «wogt».

Kamel-Gang

- Grundstellung, stell aber ein Bein nach vorn.
- Atme ein, spanne deinen Brustkorb an und hebe ihn hoch.
- Schiebe ihn nach hinten und rolle ihn ab.
- Die Spannung setzt sich jetzt fort in dein Gesäß, während du etwas in die Knie gehst und dein zurückgezogenes Becken nach vorn schwingst.
- Beim nach Oben- und Zurückrollen des Beckens spannst du automatisch deinen Brustkorb wieder an, hebst ihn hoch und rollst ihn nach hinten wieder ab usw.

b) Kamel-Gang vorwärts und rückwärts

Wenn du die Kamelbewegung gut im Stehen geübt hast, lass uns versuchen, damit auch zu gehen:

- Heb dein rechtes Knie etwas hoch und mach mit dem rechten Fuß in dem Augenblick einen Schritt nach vorn, in dem du deinen Brustkorb nach oben hebst.
- Du fährst in der Kamelbewegung fort und machst den nächsten Schritt erst wieder, wenn du deinen Brustkorb hebst.

Du kannst viele Bauchtanz-Bewegungen vor- und rückwärts ausführen, aber der Kamel-Gang rückwärts gehört dabei zu den anmutigsten, wenn auch nicht zu den leichtesten.

- Achte darauf, dass du deinen Brustkorb in dem Augenblick anspannst, in dem du dein Bein anhebst, um den Rückwärtsschritt zu machen.

c) Halbmond-Kamelschritt

Diese Bewegung besteht aus Kamelschritten zur Seite – abwechselnd nach links oder nach rechts.

- Gewicht auf dem linken Fuß; Hüfte-Schläfe-Armhaltung.
- Setz deinen rechten Fuß nach vorn und mach einen schönen, ausgeprägten Kamelschritt.
- Dreh jetzt den linken Fuß ein wenig nach links außen und schwing gleichzeitig dein rechtes Bein nach links um dich herum, setz es kurz vor dem linken auf und mach den 2. Kamelschritt.
- Dreh deinen linken Fuß noch ein wenig weiter (insgesamt hast du jetzt ca. 1/4 Drehung mit deinem linken Fuß ausgeführt) und mach den 3. Kamelschritt mit dem rechten Bein, sodass dein Oberkörper jetzt zur linken Seite gerichtet ist.
- Um zurück in die Ausgangsposition zu gelangen, drehst du jetzt dein linkes Bein wieder etwas zurück und machst mit dem rechten einen Kamelschritt nach rechts (4. Schritt).
- Nun noch ein Stückchen weiter mit dem linken Bein, ein weiterer Kamelschritt mit rechts, und du bist – nach insgesamt 5 Kamelschritten – wieder in der Ausgangsposition.
- Verlagere das Gewicht auf den rechten Fuß und mach das Gleiche mit dem linken Bein nach rechts, das heißt 3 Kamelschritte nach rechts und 2 zurück.

Variation:

Kombiniere den Halbmond-Kamelschritt mit dem Kamel-Gang vorwärts und dem Kamel-Gang rückwärts.

Die für den Laien wohl beeindruckendste Bewegung des Bauchtanzes ist der Schimmy. Wenn alles an dir bebt, zittert, flattert und vibriert, weiten sich oft die Augen der Zuschauer vor Bewunderung, als wollten sie sagen: «Oh, das ist stark, das möchten wir gern können, das ist aber bestimmt sehr schwer!» Doch das ist ein Irrtum.

Hier haben wir einmal den Fall, dass etwas leichter zu erlernen ist, als es aussieht (ich sehe förmlich, wie du aufatmest). Weit mehr Übungsarbeit erfordern dagegen manche der leicht anmutenden Bewegungen!

Wenn du dir bis zu diesem Zeitpunkt noch keinen *Bauchtanzgürtel* angefertigt hast (eine Anleitung dazu findest du in Kapitel VIII), so solltest du das jetzt tun. Ich habe festgestellt, dass die Frauen, deren Hüften durch einen Gürtel fest zentriert sind, die Bewegungen dann nicht nur besser *spüren*, sondern auch *hören*. Denn der Gürtel ist mit Perlen, Pailletten, Ketten und Münzen behängt, die beim Schimmy ein frenetisches Klappern, Klingeln und Rasseln verursachen. Oft habe ich den Eindruck, dass bei diesem Rasseln ein wilder Urinstinkt ausgelöst wird und durch das Sich-Loslassen und das Beckenschütteln sich ein Knoten im Bauch der Frau löst. Hat es beim ersten Mal so richtig geklappt, lachen sie und freuen sich wie kleine Kinder, als hätten sie eben jahrhundertealte, rostige Fesseln zersprengt. Sie haben etwas getan und sich in einer Weise bewegt, die bisher tabu war und ihnen doch so ungeheuer viel Spaß machte.

Um wieder zu unserem wichtigen Tanzutensil, dem Gürtel, zurückzukommen: Ich schlage dir eine Zwischenlösung vor, bis du dir einen genäht hast. Schlinge dir ein Fransentuch um die Hüfte, knote es kurz unterhalb des linken oder rechten Beckenknochens und befestige daran ein paar alte Modeschmuckketten. Je schwerer, desto besser. Wenn du dich jetzt bewegst – du wirst den Schimmy fast nur in den schnellen Passagen deines Tanzes anwenden –, so wird dir das Klingeln und Rasseln ein ähnliches Gefühl geben, als hättest du einen Gürtel um.

a) Einfacher Schimmy

- Nimm die Grundstellung ein, Arme zur Seite ausgebreitet oder nach oben gestreckt.
- Spann deinen Oberkörper an, halte ihn ruhig und lass im Gegensatz dazu alle Muskeln unterhalb deiner Taille ganz locker, besonders die Gesäßmuskeln.
- Vergegenwärtige dir noch einmal die Bewegungen des Hüftpendels (S. 139) und beginne, mit der Hüfte nach vorn und nach hinten zu pendeln.
- Werde schneller und schneller. Je schneller du wirst, desto kleiner müssen die Pendel-Bewegungen werden, und du gehst automatisch in den Schimmy über.

Einfacher Schimmy

b) Schimmy mit Gewichtsverlagerung

- Grundstellung
- Gewicht liegt auf dem rechten Fuß.
- Beginne mit dem Schimmy und fahre fort, während du deinen Körper etwas zur linken Seite verschiebst, bis sich dein Körpergewicht ganz auf dem linken Fuß befindet.
- Verlagere dein Gewicht jetzt zurück auf den rechten Fuß.
- Mach dies abwechselnd und ohne zu stocken.

c) Schimmy im Gehen

Nun wird es wieder etwas schwieriger, da wir zwei Bewegungsabläufe miteinander koordinieren müssen, nämlich das Gehen und das Schütteln deines Beckens.

Du hast bereits den Schimmy mit Gewichtsverlagerung im Stand geübt.

- Versuche jetzt, während dein Gewicht auf dem rechten Fuß liegt und du kräftig «schimmiest», mit dem linken Bein einen kleinen Schritt nach vorn zu gehen.
- Verlagere dein Gewicht nun auf den linken Fuß, ohne die Schimmy-Bewegung zu unterbrechen, und gehe jetzt einen kleinen Schritt mit dem rechten Bein nach vorn usw.

Auf diese Weise kannst du dich durch den ganzen Raum bewegen; vor, zurück und im Kreis.

Übe so lange, bis dein «Schimmy-Gang» leicht und mühelos aussieht. Vermeide vor Anstrengung verkrampfte Gesichtszüge. Versuche, auch wenn's schwer fällt, zu lächeln.

Kontrolliere dich gerade beim Schimmy ab und zu im Spiegel.

Es gibt verschiedene Möglichkeiten, mit dem Schimmy zu laufen:

- Wenn du z. B. statt eines leichten Auftretens mit dem Fuß kräftig aufstampfst (sehr wirkungsvoll bei einem Trommelsolo), so nennt man diese Variation den *Stampfschimmy.*
- Du kannst auch auf *Zehenspitzen* beim Schimmy laufen.
- Versuche hintereinander und ohne zu stocken 4 Schimmy-Schritte auf Zehenspitzen und 4 Schimmy-Schritte mit flachem Fuß. Durch diesen einfachen Trick, Verlagerung der Ebene von oben nach unten und umgekehrt, erzielst du einen schönen Effekt.
- Lauf zur Seite und auch im Kreis.

c

d) Schimmy im Hüftkreis und in der Figur Acht der Hüfte

So, nun kommt eine Herausforderung an alle, denen die bisherigen Übungen noch zu leicht waren!

- Vergegenwärtige dir noch einmal den Kleinen Hüftkreis (S. 124): Kreise also mit deinen Hüften und kombiniere diese Bewegung mit dem Schimmy. Nicht mehr so einfach, nicht wahr?
- Rufe dir noch einmal die Figur Acht der Hüfte (S. 128) in Erinnerung. Dreh ein paar Achten und versuche nun,
- die Achten im Schimmy zu beschreiben.

e) Zitterschimmy

Treffender – aber zu kompliziert – müsste er vielleicht «Knie-Vibrationsschimmy» heißen.

Denn dieser sehr eindrucksvolle Schimmy, der deinen ganzen Körper, je nachdem, wie du ihn steuerst, in schwingende Vibrationen versetzt, kommt – du wirst es kaum glauben – aus deinen Knien.

- Grundstellung.
- Gewicht auf dem durchgedrückten rechten Bein.
- Spann alle Muskeln des rechten Beines an.
- Beginne erst langsam und dann immer schneller werdend dein rechtes Knie vor und zurück zu bewegen.

Beobachte dich im Spiegel. Wenn deine ganze rechte Körperseite vibriert, machst du es richtig.

- Verlagere jetzt dein Gewicht auf den linken Fuß und fang mit dem linken Knie zu vibrieren an, bis deine linke Körperseite zittert.
- Versuche es nun mit beiden Knien gleichzeitig, bis dein ganzer Körper vibriert.

Nun, wie fühlst du dich? Wunderbar leicht, hoffentlich!

Schimmy-Variation
Eine andere Schimmy-Variante entsteht aus dem Hüftwippen (S. 136).

Während der zuvor beschriebene Schimmy aus einer schnellen Vor- und Zurückbewegung des Beckens besteht, entsteht dieser aus dem Hüftwippen, d. h. einer Hüftbewegung von oben nach unten und umgekehrt.

Es gibt wenige Tänzerinnen bei uns, die beide Varianten gleich gut beherrschen. Die meisten ägyptischen Tänzerinnen aber können es und kombinieren oft beide Variationen, was sehr reizvoll aussieht.

- Grundstellung, Knie noch etwas mehr gebeugt.
- Stoß abwechselnd die rechte und linke Hüfte nach oben, so weit, bis deine Knie durchgedrückt sind.
- Deine Füße bleiben flach auf dem Boden.
- Geh nun wieder während des Hüftwippens ein wenig in die Knie und komm wieder hoch.
- Werde immer schneller und schneller, bis aus dem Wippen ein «Wipp-Schimmy» geworden ist.

4. Drehungen

Was wäre ein Tanz ohne Drehung?

Vielleicht hast du schon hin und wieder mal eine schnelle Drehung versucht. Sollte dir dabei schwindlig geworden sein, dann hast du dabei eventuell eine wichtige Regel nicht beachtet: Such dir vor jeder Drehung einen festen Punkt in Augenhöhe aus (z. B. eine Lampe, einen Pfosten oder ein Bild), den du während des Umeinanderwirbelns immer wieder mit deinen Augen fixierst. Wenn du diesen einfachen Trick beherzigst, wird dir nicht schwindlig werden.

a) Einfache Drehung

- Grundstellung, Arme zur Seite ausgebreitet.
- Beginne mit der Drehung nach rechts und versuche, dich mit 8 Schritten ein Mal um dich selbst zu drehen.
- Versuch jetzt, dich mit nur 4 Schritten um dich selbst zu drehen.
- Als nächste Steigerung versuche mit nur 2 Schritten auszukommen, das heißt, du kommst nur ein Mal mit dem rechten Bein auf, wenn du dich nach rechts drehst.
- Wenn du gleichzeitig mit dem rechten Bein und deinem Oberkörper, den du nach links lehnst – entgegengesetzt zur Drehrichtung –, Schwung holst, kannst du dich, ohne nochmals mit dem Bein aufzusetzen, ein Mal um dich selbst drehen.

Achte bei dieser letzten Drehung immer auf die Bodenbeschaffenheit. Wenn der Boden zu rau ist, könntest du hängen bleiben und stolpern.

Versuche, die Drehung mit 8, mit 4, mit 2 und ganz ohne Zwischenschritt auch nach links auszuführen.

b

b) Ägyptische Drehung

- Grundstellung.
- Hebe deinen rechten Arm seitlich ausgestreckt nach oben.
- Während er sich wieder nach unten bewegt, geht der linke Arm, ebenfalls zur Seite ausgestreckt, nach oben.
- Mach dies einige Male, bis dir die Bewegungsabfolge klar ist, und
- gehe dann in die Drehung über (ob mit 8, 4 oder 2 Schritten, bleibt dir überlassen), wobei du deine Arme in der oben beschriebenen Weise bewegst.
- Achte dabei auf schöne, ausdrucksvolle Hände, die sich mitbewegen.

Diese Drehung kannst du effektvoll beim Schleiertanz (Seite 196) einsetzen, indem du die Zipfelenden mit den Händen festhältst und dann die Arme von oben nach unten und umgekehrt schwingst.

c) Derwisch-Drehung

Wer schon einmal so glücklich war, in Ägypten oder anderswo einen oder mehrere Derwische tanzen zu sehen, konnte sich ihrer Faszination bestimmt nicht entziehen. Sie besitzen verschiedene Drehtechniken und halten sie oft bis zu 15 und mehr Minuten durch.

Einem nicht schwindelfreien Zuschauer kann dabei leicht schwummerig werden, die Derwische aber beenden ihre letzte Drehung und stehen in einer Sekunde kerzengerade da wie eine Palme und lächeln dich an.

Hier ist eine ihrer Drehtechniken:

- Grundstellung; rechter Arm über dem Kopf erhoben, linker Arm weist zu Boden (diese Stellung behalten deine Arme während der gesamten Drehdauer bei).
- Stell den rechten Fuß flach vor dich hin,
- mit dem linken gehst du auf den Fußballen und stellst ihn seitlich neben die rechte Ferse.
- Während jetzt der linke Fußballen innen nur mitdreht, stößt du dich jedes Mal mit dem flachen rechten Fuß ab und machst einen Schritt nach rechts.
- Wechsele jetzt die Arme ab, das heißt, der linke ist erhoben, und der rechte weist zur Erde, und
- drehe dich nach links, indem du dich mit dem linken flachen Fuß abstößt und dabei kleine Schritte nach links machst.

Variation:

Wenn du diese Drehung langsam ausführst, kannst du sie mit der Becken-Welle, der Brustkorb-Welle und der Kamelbewegung kombinieren.

5. Bauchbewegungen

Wie du eingangs im Kapitel «Historisches» erfahren hast, waren es gerade die Bauchbewegungen, die unserem Tanz den westlichen Namen, nämlich Bauchtanz (belly dance), gegeben haben. Es muss damals für die Victorianer Ende des letzten Jahrhunderts sehr aufregend gewesen sein, dass drei ägyptische Tänzerinnen ihren Bauch zeigten, wenn auch mit einem Trikot bedeckt, und ihn auch noch ganz selbstverständlich lustvoll und wellenförmig von oben nach unten rollten.

Nun, auch diese lustvollen, natürlichen Bauchwellen wollen geübt und gelernt sein, denn Lust und Natur sind in unseren «zivilisierten» Breitengraden nicht unbedingt ein und dasselbe. Für uns Frauen im Westen ist es eine Sache der Aktivierung der brachliegenden Bauchmuskeln und der Konzentration. Verzweifle nicht, wenn es nicht sofort klappt.

a) Bauchrolle

Mach die folgende Vorübung, die der Isolation deiner Oberbauch- und Unterbauchmuskeln dienen soll, am besten vor dem Spiegel.

- Grundstellung.
- Atme tief ein. Versuche jetzt bei angehaltenem Atem, *nur* deine Zwerchfellmuskeln rauszudrücken.
- Leg dir zur Unterstützung und Kontrolle deine flache Hand auf den Magen.
  Wenn du sie mit der Kraft deiner Magen- bzw. Zwerchfellmuskeln wegstoßen kannst, machst du es richtig.
- Probiere dies einige Male hintereinander.

Achtung! Dein Unterbauch befindet sich in totaler Ruhestellung.

Wenn du diese Vorübung gut beherrschst, gehen wir zur Bauchrolle über:

- Atme tief ein (nach einiger Übungszeit wirst du deinen Bauch unabhängig vom Atem rollen können).
- Drück deine Zwerchfell-muskeln isoliert nach außen und lass sie nach unten abrollen.
- Nun konzentriere dich auf deinen Unterbauch und stoße seine Muskeln nach außen, während sich dein Zwerchfell wieder in die Normalposition zurückzieht und du ausatmest. Du kannst auch deinen Atem anhalten, falls dir das Bauchrollen dabei leichter fällt.
- Nun ziehst du deinen Unterbauch wieder so weit wie möglich zurück und stößt automatisch dein Zwerchfell wieder nach außen usw.

Es gibt Frauen, die ihren Bauch umgekehrt rollen, d. h. ihren Unterbauch zuerst rausdrücken und dann nach oben abrollen. Beides ist richtig. Wichtig ist, dass du deinen Bauch rollen kannst, in welche Richtung ist egal.

Bauchrolle

Variation 1:
Wenn du die Bauchrolle gut im Stehen beherrschst, versuche gleichzeitig zu gehen. Besonders eignet sich dafür der Kamel-Gang. Du findest leicht den richtigen Rhythmus, wenn du dein Zwerchfell in dem Augenblick nach außen stößt, in dem du zum Schritt ansetzt.

Variation 2:
Geh im Gazellenschritt und rolle dabei deinen Bauch.

b) Bauchflattern
Eigentlich könnte diese Bewegung auch «Zwerchfellflattern» oder «Zwerchfell-Schimmy» heißen.

- Grundstellung; Daumen auf den Hüftknochen.
- Atme ein, halte deinen Atem an und schließe deinen Gaumen.
- Stoße deine Zwerchfellmuskeln zuerst langsam und dann immer schneller werdend nach außen,
- bis dein Zwerchfell in ein Vibrieren oder Flattern übergeht.

Variation:
Kombiniere das Bauchflattern im Wechsel mit der Bauchrolle.

6. *Bewegungen auf dem Boden*

Auch wenn bei uns im Westen der Bodentanz unbekannt ist, werden in einigen ostasiatischen Ländern, wie z. B. Thailand und Südindien, Tanzpassagen im Knien ausgeführt.

Aber richtig aufregend wird der Tanz am Boden erst im Vorderen Orient. Man erzählt sich, dieser Bodentanz sei in den niedrigen Beduinenzelten entstanden, und so sei aus der Not eine Tugend geworden, die den Tanz – wie ich meine – bereichert hat. Sehr viele aufrechte Tanzbewegungen kann man nämlich auch im Knien ausführen, und einige bodenspezifische wurden noch dazuerfunden. In den Zelten lagen damals – wie auch heute noch – je nach Wohlhabenheit mehrere Schichten von Teppichen übereinander, und die Beduinen-Frauen brauchten sich ihre Knie nicht, wie auf modernen Parkettfußböden, blutig zu tanzen!

Gerade am Boden gewinnt das Grundprinzip des Orientalischen Tanzes – ein sicheres Gefühl von Würde auszustrahlen – noch mehr an Gewicht. Überlege dir jede Bodenbewegung, die du in deinen Tanz einbaust, zuvor genau. Führe sie im vollen Bewusstsein deines erotischen, weiblichen Körpers aus, jedoch ohne zu viel versprechend oder einladend zu werden. Denk auch vorher darüber nach, wie du zum Boden hinabgleitest: Versuche grundsätzlich immer, dich seitlich zum Publikum niederzulassen. Man kann so deine Bewegungen besser sehen, und du vermeidest zu tiefe Einblicke, falls sich einmal dein Rock verschieben sollte.

Nun, all dies ist eine Gratwanderung, denn einerseits sollte dein Bodentanz nicht den Touch einer Turn-Kür haben, andererseits aber auch nicht ordinär wirken. Dafür ein Fingerspitzengefühl zu entwickeln, bleibt letztlich dir überlassen. Das mag ein Grund sein, weshalb arabische Tänzerinnen (nur Nazla Al-Adel – eine ägyptische Bauchtänzerin, heute [1983] etwa 70 Jahre alt – lehrt und tanzte diesen Part am Boden) ganz wenige Bewegungen am Boden in ihren Tanz integrieren. Denn sie haben noch sehr viel mehr mit althergebrachten und religiös bedingten Vorurteilen Frauen gegenüber zu tun. Man ist am Boden automatisch in einer schwächeren Position, verglichen mit den sitzenden Zuschauern, dort meist Männern. «Und wenn man nicht unbedingt muss, begibt man sich nicht freiwillig in eine solche Lage», sagte mir einmal eine syrische Tänzerin.

Nun, ich meine, dass wir westlichen Frauen durch unser neues Selbstverständnis weniger objektbezogen sein können, nach dem Motto: Wenn wir unseren Bauch zeigen, dann ist es *unser* Bauch, und wenn wir am Boden tanzen, dann tun wir es aus Spaß daran und nicht, um in dieser Lage besondere Assoziationen bei Männern zu wecken!

Tanzbewegungen am Boden wirst du meist während des Taxims, des langsameren Musikteiles, einsetzen. Das Taxim drückt Schmerz, Sehnsucht, Zerrissenheit und Wehmut aus. Tanze diese Gefühle aus: langsam, stark, tief. Husche niemals oberflächlich darüber hinweg. Wenn es dir anfangs schwer fällt, dich zu öffnen, diese Gefühle aus dir heraufzuholen und sie auszudrücken, dann lass dir Zeit. Baue die Bodenbewegungen erst dann in deinen Tanz ein, wenn du in der Lage bist, darin mehr als nur den gymnastischen Aspekt zu sehen, und wenn du sie auch emotional umzusetzen vermagst.

a) Graziöses Hinabgleiten

Das Hinabgleiten ist ein Übergang, und zwar vom schnelleren Teil in den langsameren, von Tanzfiguren im Stehen zu den Figuren am Boden:

- Stelle ein Bein etwas schräg vor das andere; Arme zur Seite ausgebreitet.
- Dein Kopf ist hoch erhoben, der Brustkorb gespannt.
- Gehe langsam in die Knie, bis du mit dem hinteren Knie auf dem Boden aufkommst.

Das ist die Grundbewegung. Übe diese ein paarmal hintereinander langsam zur Musik und probiere erst dann die folgenden Variationen:

Variation 1:
Gleite mit der Ägyptischen Armbewegung und kleinen Hüftkreisen zu Boden.

Variation 2:
Gehe mit geflügelten Schlangenarmen und dem Hüftpendel zur Erde.

Variation 3:
Nimm die türkische Armpose ein, gleite mit Becken-Wellen zu Boden. Erfinde nun selbst neue Möglichkeiten; lass deiner Phantasie freien Lauf.

Möchtest du aus einem schnelleren Musikrhythmus heraus zu Boden gehen, so probiere Folgendes aus:

- Grundstellung; Arme zur Seite ausgebreitet.
- Gehe mit einem schnellen Hüftpendel in die Knie; warte einen Trommelschlag ab,
- und lass dich dann gleichzeitig auf beide Knie fallen.

Wichtig! Oberkörper bleibt dabei gespannt und aufgerichtet.

Und noch eine Variation:

- Gehe mit weit nach hinten gebeugtem Oberkörper – Kopf ist ebenfalls nach hinten geneigt – mit einem leichten Schulterschimmy tief in die Knie,
- und lass dich dann ruckartig nach vorn auf beide Knie fallen.

Achtung! Diese beiden letzten Übungen solltest du nur ausführen, wenn du total gesunde Knie hast. Achte dabei besonders wieder auf die Bodenbeschaffenheit.

b) Bewegungen im Knien

So, jetzt bist du am Boden. Du kniest auf dem hinteren Bein, das vordere vor dir aufgestellt. In dieser Position kannst du

- mit der freien Hüfte des Standbeins eine Figur Acht mit nur einer Hüfte versuchen,
- indem du die Hüfte hoch hebst, sie nach vorn und unten zur Bauchmitte hin bewegst, sie erneut anhebst und zurück zur Ausgangsposition bringst.
- Versuche Hüftschwünge im Knien,
- das Hüftschwung-«M»,
- eine Hüftschwung-Drehung
- und den Schimmy auf Knien!

b

Indische Acht

- Geh auf beide Knie und nimm die türkische Armposition ein.
- Drücke zuerst deine linke Hüfte so weit wie möglich nach hinten und außen.
- Beschreib jetzt einen kleinen Kreis zur Bauchmitte hin, geh fließend über
- zur rechten Hüfte und probiere damit das Gleiche.
- Wenn dir dieser Bewegungsablauf klar ist, kombiniere ihn mit einer zusätzlichen Abwärtsbewegung deines Beckens zu den Fersen hin und wieder zurück.

Variationen mit dem Oberkörper:

Versuche im Knien

- eine Brustkorbwelle mit geflügelten Schlangenarmen,
- einen Brustkorbkreis, und beschreibe mit ausgebreiteten Armen Handkreise.

Es gibt auch Möglichkeiten, sich im Knien *fortzubewegen.* Zwar solltest du damit nicht einen ganzen Raum durchmessen – das kannst du mit deinen Füßen viel besser –, aber einige kleine Knieschritte können deinen Bodentanz durchaus auflockern:

- Schwing dein Becken kräftig von links nach rechts und umgekehrt, sodass Halbkreise entstehen und du ein klein wenig deine Fersen streifst.
- Während du dein Becken schwingst, gehst du mit dem rechten Knie zur Seite, ziehst das linke nach usw.

Statt dein Becken seitlich zu schwingen,

- kannst du es von oben nach unten und umgekehrt bewegen und ebenfalls Knieschritte zur Seite machen.

c) Kleopatra-Positionen

Kleopatra-Sitz

- Geh aus der knienden Position heraus mit deinem Oberkörper zur linken Seite,
- bis du mit deinem linken Unterarm auf dem Boden angekommen bist.
- Stütz dich darauf ab. Deine linke Hüfte liegt jetzt auf dem Boden, und dein rechtes Bein streckst du ganz gerade zur Seite aus.

In dieser Position kannst du jetzt

- kleine Hüftkreise mit der freien, rechten Hüfte drehen,
- eine Figur Acht mit der Hüfte versuchen,
- währenddessen du mit deiner freien, rechten Hand über deinem Kopf Kreise und Wellen beschreibst
- oder auch Schulterkreise ausführst.

Kleopatra-Sitz

Kleopatra-Brücke
Aus dem Kleopatra-Sitz gehst du in die Brücke über, indem du ganz einfach

- deinen Körper anhebst und ihn straffst.

Jetzt hast du noch mehr Bewegungsfreiheit in deiner rechten Hüfte und kannst

- abwechselnd kleine und größere Hüftkreise ausführen,
- eine Figur Acht der Hüfte von vorn nach hinten,
- eine Figur Acht der Hüfte von oben nach unten beschreiben.
- Probiere den Schimmy und akzentuiere ihn mit einem kurzen kleinen Hüftschwung zwischendurch.
- Wechsele jetzt den Sitz auf das andere Bein und probiere diese Figuren mit der linken Hüfte.

Wechsele während des Tanzes mehrere Male die Beinposition von links nach rechts und umgekehrt. Auf diese Art und Weise kannst du dich auch am Boden fortbewegen, indem du jedes Mal einen Knieschritt machst, während du die Beinposition wechselst.

Kleopatra-Brücke

d) Sultansbrücke

Im Kapitel «Lockerungsübungen» (Seite 113) haben wir bereits die Vorübungen zur Sultansbrücke kennen gelernt. Ich rate dir aus meiner Erfahrung, gerade diese Übung niemals auszulassen, wenn du vor dem Tanzen Gymnastik machst. Manche Frauen brauchen recht lange, bis sie die Angst überwunden haben, sich so weit zurückzubiegen, um sich dann auf Schultern und Kopf herunterzulassen. In manchen Fällen hilft es, sich mit geschlossenen Augen zurückzulehnen. Beim ersten Bodenkontakt mit dem Hinterkopf ist dann oft diese Angst überwunden.

d

Bei dieser Übung werden hauptsächlich die Oberschenkel gedehnt und trainiert. Am Anfang wird Muskelkater nicht zu vermeiden sein. Aber regelmäßiges, ausdauerndes Üben führt auch hier zum Ziel:

- Du befindest dich in der Knieposition; Knie ca. 20 cm auseinander.
- Gehe mit geradem, angespanntem Rücken nach hinten, bis dein Kopf den Boden berührt.
- Hebe jetzt Brustkorb und Becken, so weit du kannst, an, sodass deine Wirbelsäule einen Bogen oder eine Brücke bildet.

Nachfolgend zwei *Arm-Varianten,* mit denen du aus der Knieposition heraus in die Sultansbrücke heruntergehen kannst. Probiere sie aus:

- Bewege dich mit Geflügelten Schlangenarmen nach unten.
- Führe oberhalb deines Kopfes mit erhobenen Armen Handkreise und Handwellen aus, während du dich zurücklehnst.

Befindest du dich in der Position der Sultansbrücke, so kombiniere mit:

- der Bauchrolle und dem Bauchflattern,
- mit einem leichten Schimmy,
- mit dem Schulterschimmy.

e) Kreisen mit dem Oberkörper

Setze dich mit untergeschlagenen Beinen auf den Boden; der Oberkörper bleibt aufrecht.

- Breite die Arme waagerecht in Schulterhöhe aus und kreise aus der Hüfte heraus mit dem Oberkörper.
- Folge der Bewegung mit dem Kopf.
- Achte darauf, dass sich die Hände dabei schlangenartig in Kreisen und Wellen bewegen.

f) Graziöses Aufstehen

Befindest du dich in der Sultansbrücke, so musst du danach ohne sichtbare Anstrengung hochkommen. Das geht allerdings nur bei *langsamer* Musik.

e

Bei einem *schnelleren* Rhythmus

- spanne deinen Brustkorb und deine Oberschenkel an, hole mit den Armen über dir aus und komm mit einem kräftigen Schwung nach oben.

Das erfordert allerdings sowohl Kraft als auch Training.

Du befindest dich jetzt wieder in der knienden Position und möchtest wieder auf die Füße kommen:

- Setze nun einen Fuß nach vorn und
- führe nun ein, zwei oder mehrere der unter b) beschriebenen Bewegungen im Knien aus.
- Bei einem entsprechenden Trommelschlag verlagere dein Gewicht auf das Standbein, ziehe in Sekundenschnelle das kniende Bein nach,
- und schon stehst du, während deine schwingenden Arme von unten her diese Bewegung unterstützen.

Dies war eine recht schwungvolle Variante, von den Knien auf die Füße zu gelangen. Eine weichere Möglichkeit ist z. B. folgende:

- Stelle dein Standbein ziemlich weit vor, damit du beim langsamen Hochkommen eine bessere Balance hast; dein Körpergewicht liegt zunächst auf dem Knie;
- die Ellbogen sind nach oben gerichtet, die Arme bilden ein Dreieck.
- Jetzt beschreibe schöne und ausgeprägte Hüftkreise,
- gehe über in wechselseitiges Schulterkreisen.
- Komm so langsam höher und höher, bis du auf beiden Füßen stehst, aber dein Gewicht auf dem vorderen Standbein ruht.
- Ziehe nun das vordere Bein zu dir heran und fahre mit einer aufrechten Tanzfigur fort.

Lass dich jetzt zu neuen Variationen inspirieren und dir selbst neue Übergänge zwischen Tanz im Stehen und Tanz am Boden einfallen!

7. *Tanzen mit dem Schleier*

a) Die Bedeutung des Schleiers beim Tanzen

Zuallererst möchte ich dem weit verbreiteten Vorurteil begegnen, der Schleiertanz stelle eine zweckbestimmte, stripteasehafte Entblößungszeremonie dar. In Wirklichkeit besitzt er kulturhistorische Wurzeln und geht auf das soziale Miteinander im alten Orient zurück.

In vielen Teilen des Orients hielt die Frau schon vor der Einführung des Islam ihr Haupt in der Öffentlichkeit bedeckt; so kannte man schon im alten Persien die Bedeckung des weiblichen Haupthaars. Auch von den Israelitinnen überliefert uns das Alte Testament, dass sie auf jeden Fall während der Gebetszeremonie ihren Kopf zu bedecken hatten, und von den ersten Christinnen wird uns berichtet, dass vor allem die Frauen der Oberschicht nie unverschleiert aus dem Hause gingen. Der Gesichts-Schleier war in dieser Zeit (und ist es z. T. noch bis heute) eine Art Abgrenzungsmittel zwischen den Frauen der Unter- und Oberschicht – den Stadtfrauen und den Frauen auf dem Lande. Die Frauen im Dorf fühlen sich nämlich bei der Arbeit durch einen Gesichtsschleier behindert; sie bedecken deshalb bis heute nur ihr Haar. Zur gesetzlichen Regelung ist die Verschleierung erst im Islam geworden, das heißt die totale Verhüllung mit Ausnahme des Gesichtes, der Hände und Füße.

Aus ihrer unkomplizierten und unkonventionellen Mentalität heraus entdeckten dann die arabischen Frauen, dass man dasselbe Tuch, das in der Öffentlichkeit der vorschriftsmäßigen Verschleierung diente, zu Hause zu einem reizvollen Tanz benutzen konnte. In Nordafrika z. B. hat sich ein Tanz mit zwei Schleiern entwickelt; der uns allen bekannte Tanz der Salome mit den sieben Schleiern stammt aus der Gegend von Palästina.

Der repressive Aspekt des Schleiers ist uns allen bekannt. Daneben hat er aber auch eine beschützende und – je nach

Land mit unterschiedlicher Gewichtung – auch eine dekorative Funktion.

Der Schleier lässt sich zu vielem gebrauchen: Man kann sich hinter ihm verstecken oder andere Leute beobachten, ohne selbst erkannt zu werden. Möchte man allerdings koketterweise gesehen werden, so kann man ihn einen Spaltbreit öffnen, zur Seite schieben und kurzzeitig das ganze Antlitz statt nur die Augen sprechen lassen.

Aus dieser geheimnisvollen Dramatik heraus entsteht der Tanz mit dem Schleier. Mystisch, erregend, geheimnisvoll – behalte diese Attribute während deines Tanzes immer im Kopf.

Heutige arabische Tänzerinnen gehen recht sportlich mit dem Schleier um. Meist kommen sie mit ausgebreiteten Armen über dem Kopf wehend mit ihm herein, werfen ihn entweder gleich fort oder drapieren ihn nochmals für einige Tanzpassagen um den Hals, um ihn schließlich ganz abzulegen.

In meinen Gesprächen mit ägyptischen Tänzerinnen habe ich herausgefunden, dass für sie als moderne Araberinnen, und dazu zählen sich insbesondere die Ägypterinnen, die «Melaya» (Schleier) mit negativen Assoziationen besetzt ist. Sie haben sich in den letzten Jahrzehnten von ihm befreit, haben zum großen Teil ihre weibliche Identität gefunden und sind stolz, endlich auch in der Öffentlichkeit ihr Gesicht zeigen zu dürfen. Deshalb verspüren sie keine große Lust, sich wieder hinter dem Schleier zu verstecken, wenn auch nur im tänzerischen Spiel. Lediglich im Folklore-Tanz existieren einige Stücke, in denen lange, bestickte Schals und Schleier Verwendung finden.

Für uns tritt hier eine ähnliche Situation ein wie beim Bodentanz. Unser Selbst ist – Gott sei Dank – unverwundet geblieben durch die repressiven islamischen Vorschriften. Was für arabische Frauen ein «Muss» war, wenngleich sich natürlich auch viele aus gläubiger Überzeugung verschleierten, *kann* für uns heute zu einer ausdrucksmäßigen Bereicherung des Tanzes werden.

Ich habe festgestellt, dass viele westlich-nüchterne Frauen Freude daran haben, sich mit einem geheimnisvollen Nimbus umgeben zu dürfen. Da kommt ihnen der Schleiertanz, zum Verkleiden einladend, geradezu entgegen – bunt, schillernd, knisternd und mystisch.

Vielen Frauen fällt es nicht leicht, die einzelnen Tanzfiguren zu erlernen. Wenn sie sich aber dann doch alle Bewegungen zu Eigen gemacht haben, beginnen sie mit dem Schleiertanz. Ich habe oft den Eindruck, dass hier erst der wirkliche Spaß beginnt. Aus dem Spaß wird ein überschwängliches Kommunizieren der Frauen untereinander – hinter den Schleiern, das sich oft zu einem regelrechten Jauchzen steigert (was mich dann jedes Mal daran erinnert, dass es im alten Ägypten für Tanzen und Jauchzen nur ein Wort gab), dem sich auch die Zurückhaltendste nicht entziehen kann!

b) Drapieren des Schleiers

Erst einige Worte über seine Beschaffenheit:

Dass er zur Farbe deines Kostüms passen sollte, ist sicher selbstverständlich. Die meisten Frauen kaufen allerdings zu wenig Stoff. Mit einem zu kurzen Schleier aber kann man nicht alle Figuren ausführen. Der Schleier für eine durchschnittlich große Frau sollte ca. 2,80–3,00 m lang (für eine kleine Frau bis 2,70 m) und ca. 1,00 m bzw. 1,20 m breit sein. Kauf dir einen weichen, fließenden Stoff – er darf ruhig durchsichtig sein –, z. B. Georgette, Chiffon oder Voile. Es ist wichtig, dass du den Schleier nach dem Säumen der Ränder ringsherum mit einer farblich passenden Borte verzierst.
Die Borte gibt ihm Halt und macht ihn etwas schwerer; der Schleier schwingt so besser und sieht außerdem noch dekorativer aus. Zusätzlich kannst du die Ecken noch etwas abrunden, so liegt und fließt er noch schöner.

Wenn du genügend Zeit, aber auch Phantasie, Geduld und Geschick hast, kannst du ihn über und über mit Mustern aus Perlen und Pailletten besticken, wie es die ägyptischen Tänzerinnen tun.

Bevor du deinen Schleiertanz beginnst, musst du den Schleier drapieren bzw. an deinem Kostüm befestigen. Meist wirst du ihn in deinen Gürtel oder in deinen BH stecken.

Variante 1:

- Stecke die Schleiermitte hinten in deinen Gürtel.
- Schlinge beide Enden nach vorn um dich herum und schiebe sie über Kreuz unter deine beiden BH-Träger.

Der Rücken bleibt frei.

Variante 2:

- Stecke die obere Mitte deines Schleiers vorn in deinen BH.
- Nimm beide Enden nach hinten um dich herum, überkreuze sie locker und schiebe sie jeweils von vorn unter deinen rechten und linken BH-Träger.

Dein Oberkörper bleibt bis auf die Schultern bedeckt.

Variante 3:

- Schieb deinen Schleier vorn links in deinen Gürtel, führe ihn schräg über deinen Körper,
- um ihn dann in deinen rechten BH-Träger einzustecken und das Ende lose nach hinten herabfallen zu lassen.

Die linke Schulter und der Rücken bleiben frei.

Dies sind drei von vielen Drapierungsmöglichkeiten. Erfinde selbst welche!

c) Schwing-Variationen

Mit einer der drei folgenden Schwing-Variationen kannst du den Schleier «abtanzen»; du kannst diesen «Schleier-Wirbel» auch als Intermezzo zwischen den anschließenden «Tanzdrama-Figuren» benutzen.

Vermeide während des Tanzes ein Herumnesteln an deinem Schleier, sondern ziehe ihn unauffällig, ohne dass du mit deinen Hüftschwüngen, -kreisen oder Drehungen aufhörst, aus seiner Befestigung.

Hüftkreisen mit Schleier

Schmetterlingswirbel

Wir gehen von der zweiten Drapierungs-Variation aus:

- Ziehe das zuletzt eingesteckte Schleierende aus dem BH-Träger – z. B. mit der linken Hand aus dem linken Träger. Nimm es nach hinten um deinen Körper herum in die rechte Hand.
- Du behältst den Zipfel in der rechten Hand und ziehst mit ihr das andere Schleierende unter dem rechten BH-Träger hervor.
- Schwing beide Enden mit der rechten Hand nach hinten, nimm hinter dir unauffällig das linke Ende in die linke Hand; die Schleiermitte bleibt vorn im BH,

Schmetterlingswirbel

- und schwing auf einmal mit beiden Armen nach vorn unten, dann nach oben und zurück, sodass du eine imaginäre horizontale Acht beschreibst.
- Geh jetzt in den versetzten Schleierwirbel über, indem du mit dem rechten Arm beginnst, mit dem linken fortfährst usw.

Dieses Schwingen ist dem von Schmetterlingsflügeln nicht unähnlich, nicht wahr?

Schlagen der Acht
Hebe die Arme. Halte den Schleier mit der einen Hand fest und schlage mit dem anderen Ende vor dem Gesicht eine liegende Acht.

Wellen-Schwingen

- Nimm beide Enden des Schleiers in beide Hände.
- Schwinge ihn wellenförmig um dich herum, während du dich nach rechts mit kleinen Schritten drehst.

Achte darauf, dass deine Schleier-Wellen synchron zu deinen Schritten verlaufen. Also: kleine Schritte = kleine Wellen; größere Schritte = größere Wellen.

Wellen-Schwingen

Drehung mit zwei Schleiern
Du kannst auch zwei verschiedenfarbige Schleier benutzen. Dazu hälst du sie einfach mit ausgestreckten Armen vor dich und hinter dich und drehst dich schnell.

Drehung mit zwei Schleiern

d) Tanzdrama mit dem Schleier

Im Folgenden wirst du einige Möglichkeiten kennen lernen, das «Tanzdrama mit dem Schleier», wie ich es nenne, zu «zelebrieren». Hier kann sich jeder, der ein Bedürfnis nach Geheimnis und Zauber verspürt, total austanzen. Du solltest versuchen, dich zu öffnen und wieder zurückzunehmen, Zartheit und Anschmiegsamkeit im Wechsel mit Verzückung und Leidenschaft darzustellen. Aus dieser Spannung lebt der Tanz.

Zelt

Stecke beide Zipfelenden deines Schleiers vorn in die Gürtelmitte. (Wenn du es beim Tanzen machst, dann möglichst unauffällig während einer Drehung.)

- Ziehe mit beiden Armen den Schleier von hinten ungefähr einen halben Meter nach vorn über deinen Kopf, sodass du zeltartig eingerahmt bist.

Variation:
Geh im Arabischen Grundschritt ganz langsam zur Seite und im Kreis, während du mit deinem Brustkorb kreist oder Brustkorb-Wellen beschreibst.

Schlagen des Schleiers
Halte den Schleier mit beiden Händen vor dich hin. Nun ziehe ihn im Gehen zu dir und wirf ihn über den Kopf, während du unter ihm hindurchgehst. Nun hängt der Schleier deinen Rücken hinab.

Variation 1:

- Linke Hand auf der linken Hüfte.
- Laufe abwechselnd mit ausgeprägten Hüftkreisen und der Figur Acht der Hüfte zur Seite.

Variation 2:

- Linke Hand auf der linken Hüfte.
- Geh abwechselnd im Kamel-Gang vorwärts und rückwärts und dem Halbmond-Kamelschritt.

Sphinx

Diese Figur ist auch unter dem Namen «Haremsform» bekannt:

- Schlinge den Schleier um dich herum, sodass du mit der linken Hand beide oberen Endzipfel festhältst und mit der rechten die gefaltete Mitte.
- Nimm ihn jetzt nach oben und wickele deine Ellenbogen in den Schleier.
- Zieh ihn noch weiter über deinen Kopf hinauf, bis deine Hände in der Türkischen Armpose sind.
- Der Schleier fällt jetzt pyramidenartig nach unten herab; nur dein Gesicht schaut noch heraus.
- Ziehst du den vorderen Schleierteil noch höher hinauf, sind nur noch deine Augen zu sehen, und dies gibt dir ein noch geheimnisvolleres, rätselhafteres Aussehen.

Variation 1:

- Lauf im Becken-Wellen-Schritt im Kreis
- und gleite dabei mit dem Kopf zur Seite und im Kreis.

Variation 2:

- Mach 4 wechselseitige Hüft-Drop-Schritte
- und dreh dich mit einigen Hüft- Drop-Schwenken ein Mal um dich selbst.

Willst du deinen Schleiertanz-Teil beenden, so warte einen schnelleren Teil der Musik ab, drehe dich einige Male mit einer Schwing-Variante um dich selbst und lass dabei deinen Schleier hinter dir zu Boden fallen. Du kannst ihn auch schwung- und effektvoll zur Seite oder in die Zuschauer werfen, wenn du Lust dazu hast.

Sphinx

8. Tanzkombinationen

Bei den folgenden Gestaltungsvorschlägen ist absichtlich keine Zahl angegeben. Bestimme also selbst, wie häufig du diese Figur machen möchtest. Des Weiteren findest du auch keine Vorschläge zu Armvariationen. Auch hier appelliere ich an deine Phantasie.

1. Bevor du zu tanzen beginnst, drapiere den Schleier. Steck ihn hinten in die Gürtelmitte, schlinge ihn um dich herum und schiebe ihn über Kreuz nach vorn unter deine beiden BH-Träger. (S. 198)
2. Komm mit einer ägyptischen Drehung in den Raum (S. 179);
3. gehe über in den Hüftschwungschritt (S. 131);
4. Hüftschwung-Drehung mit zurückgebeugtem Oberkörper (S. 132);
5. geh über in den Schimmy (S. 172 f.) und laufe mit Schimmy-Schritten zur Seite, abwechselnd auf Zehenspitzen und mit flachem Fuß (S. 174);
6. geh über in den Hüftwipp-Schimmy und lauf damit im Kreis (S. 177);
7. bleib stehen und mach einen Zitterschimmy mit dem rechten Bein (S. 176);
8. Übergang in den großen Hüftkreis mit kräftigem Zwischenfedern (S. 125);
9. Drehung im großen Hüftkreis (S. 125); während dieser Drehung
10. ziehst du jetzt unauffällig das *zuletzt* eingesteckte Schleierende unter dem Träger hervor.
11. Während du dich drehst und den Zipfel zwischen Daumen und Zeigefinger festhältst, gehst du über in das Wellenschwingen (S.204).
12. Zieh jetzt das zweite Schleierende unter dem anderen BH-Träger hervor, halte den Schleier mit hoch erhobenen Armen über den Kopf und geh über in das Schlagen der Acht (S. 203).
13. Lass den Schleier anschließend nach hinten auf den Boden fallen und mach jetzt

14. die Hüftschleife (S. 126).
15. die Figur Acht der Hüfte (S. 128),
16. die Schlangenacht (S. 129) – alle 3 Figuren im Stehen –; es folgt der
17. Arabische Schwingschritt (S. 167), der
18. Becken-Wellen-Schritt (S. 167), der
19. Gazellen-Schritt (S. 167). Umrunde mit diesen drei Schrittarten den Raum.
20. Übergang in den Kamel-Gang (S. 168/169) und Kamel-Gang mit Bauchrolle,
21. Halbmond-Kamelschritt.
22. Geh nun mit Becken-Wellen zu Boden, bis du mit dem hinteren Knie aufgekommen bist.
23. Beschreibe im Knien Hüftkreise mit der freien Hüfte (S. 188), knie jetzt auf beiden Beinen und geh über
24. in die Sultansbrücke (S. 192),
25. weiter in das Kreisen mit dem Oberkörper (S. 194),
26. Kleopatra-Brücke und die Figur Acht mit der freien Hüfte (S. 191).
27. Komm wieder hoch auf beide Knie und mach die Indische Acht (S. 189).
28. Setz einen Fuß wieder auf; Hüftschwung im Knien (S. 188) und dreh dich dabei.
29. Komm bei einem entsprechenden Trommelschlag wieder schwungvoll auf die Füße.
30. Lauf mit Schimmy-Schritten im Kreis (S. 174),
31. Derwisch-Drehung (S. 180) und zum Abschluss eine
32. Ägyptische Drehung (S. 179).

Arabische Tänzerin mit Musikern, die riqq, darabukka, rabab und kamandscha (v.l.n.r.) spielen aus: Moderne Kunst (1894)

Arabische Musik

1. *Allgemeines*

Was wäre Tanz ohne Musik? Weder denkbar noch durchführbar. Ebenso untrennbar ist arabischer Bauchtanz von arabischer Musik.

In meinen Kursen stellte ich öfter fest, dass manche Frauen mit der für uns fremdartigen, *horizontalen* Struktur der arabischen Musik nicht zurechtkommen. Unser an Dur und Moll und an die vertikale Struktur der abendländischen Musik gewohntes Ohr tut sich schwer, die *monophone* Breitflächigkeit der arabischen Musik zu genießen. Ja, eine Frau schied sogar aus dem Kurs aus, weil sie sich absolut nicht mit der Musik anfreunden konnte, obwohl ihr die tänzerischen Bewegungen Spaß machten. Dies ist eine Ausnahme, gewiss. Doch schon bei unseren Recherchen zum historischen Teil fiel uns auf, dass auch die Verfasser der alten Reisebeschreibungen gerade die Musik als äußerst dissonant empfanden, wenngleich sie den Tanz meist objektiver beschrieben. Deswegen, glaube ich, ist es sinnvoll, an dieser Stelle etwas ausführlicher auf die Entwicklung und den strukturellen Aufbau der arabischen Musik einzugehen. Besser wissen heißt auch besser verstehen!

Wenn für westliche Empfindungsmöglichkeiten arabische Musik auch oft als zusammenhangloses Durcheinander, als hoffnungslos monoton und ermüdende Wiederholung erscheint, so kann sie doch im Gegensatz dazu bei einem Araber eine Verzauberung hervorrufen, die an Ekstase grenzt. Die berühmte und inzwischen verstorbene Sängerin Um Kalsum vollbrachte dies mit ihren bis mit in die Morgenstunden ausgedehnten Rundfunk-Konzerten aus Kairo jeden Donnerstagabend. Diese Konzerte waren äußerst beliebt und nahmen im arabischen Musikleben einen wichtigen Platz ein. Jemand sagte einmal, es gibt zwar noch keine politische arabische Einheit, aber einig sind sich alle Araber von Kuwait bis nach Marokko an jedem Donnerstagabend in ihrer überfließenden Begeisterung für die Lieder von Um Kalsum. Bei einem Besuch im Orient solltest du daher auf keinen Fall versäumen, den Auftritt eines oder mehrerer Sänger mit ihren Orchestern zu erleben. Diese Vorstellungen dauern oft bis zum Morgengrauen. Wie bei uns treten weniger bekannte Sänger zu Beginn auf – quasi als Vorprogramm –, der bekannteste kommt zuletzt. Die Menschen zu beobachten, die Atmosphäre zu erleben, wird dir begreifen helfen, dass für einen Araber seine Musik «Speise, wenn nicht gar Medizin ist» (Zitat aus «1001 Nacht»); du wirst erleben, wie er sie sozusagen in sein Innerstes «aufsaugt». Im Arabischen gibt es ein spezielles Wort für den Genuss, den man beim Hören von Musik empfindet: «al-tarab». Bei den Konzerten bricht zwischen den einzelnen Musikzügen, besonders beim «taqsim» (Solo-Instrumental-Teil), Beifall los, rufen einzelne Zuschauer spontan gereimte Lobpreisungen durch den Saal, während ihnen andere, ebenfalls in Versform improvisierend, antworten. Es herrscht eine solche Stimmung, eine fast elektrisch aufgeladene Spannung, dass sie sich einfach in ekstatischen Rufen und Applaus entladen muss, so, als wären ihre Seelen aus ihren Körpern gehüpft. Und das alles ohne einen einzigen Tropfen Alkohol. Ihre Droge ist die Musik. Die Araber beklatschen übrigens nicht nur einen besonders gelungenen Instrumental-Teil, sondern, da sie auch große Bewunderer des geschriebenen, gesprochenen und gesungenen Wortes sind, bricht ebenso spontaner Applaus für einen gut gelungenen Liedvers los. Angefeuert durch diesen Beifall, improvisiert die Sängerin oder der Sänger diesen Vers, sich arabeskenhaft steigernd in immer neuen Variationen.

2. Historisches

Musik, Lied und Tanz haben im arabischen Raum eine alte Tradition. Schon in der vorislamischen Zeit, der so genannten «Dschahilliya», gab es die berühmten Qaina-Sängerinnen. Zumeist gehörten sie einem Haushalt an, jede angesehene Familie beschäftigte eine eigene Sängerin. Die meisten von ihnen wurden in speziellen Qaina-Schulen für diesen Beruf ausgebildet und bekamen Unterricht in Gesang, Tanz, im Lautenspiel und in Musiklehre.

Einige dieser musikalischen Unterhalterinnen hatten sich auch selbständig gemacht, unterhielten in den großen Handelszentren Wein- und Kaffeehäuser, wo sie ihre Besucher mit Spiel und Gesang erfreuten. Die Qainas begleiteten sich selbst auf der Laute und trugen Verse berühmter Dichter oder selbst verfasste Gedichte vor, sodass man hier bereits von einem Kunstgesang sprechen kann. Die Qainas waren gesellschaftlich angesehen, und manche von ihnen hatten eine sehr hohe Allgemeinbildung. Eine berühmte Qaina jener Zeit war Azza al Mayla.

Die altarabische Musik-Schule von Mekka und Medina verlor zur Abbassidenzeit im 7. und 8. Jahrhundert ihre Vorrechtstellung zugunsten von Bagdad und Basra. Nach der Islamisierung wurden hier in Bagdad im «Beit al hikma» (Haus der Weisheit) viele Werke griechischer Wissenschaftler übersetzt und kommentiert, u. a. auch Werke von Aristoteles und Euklid über Musiktheorie. Nach Auffassung einiger europäischer Musikwissenschaftler (u. a. H. Hickmann, 1970, S. 33) ist das griechische Tonleitersystem von den Arabern übersetzt und übernommen worden und anschließend über das arabische Spanien zu uns gelangt.

Der arabische Musikwissenschaftler Habib Hassan Touma ist jedoch der Meinung (1975, Seite 34), dass es zu dieser Zeit bereits zwei Tonsysteme gegeben habe, das griechische *und* das arabische. Er begründet seine Auffassung damit, dass al-Farabi, der bedeutende arabische Philosoph und Mystiker des 10. Jahrhunderts, in seiner Musikabhandlung von diesem arabischen Tonsystem ausgeht, das durch die Anordnung der Bünde am Hals der Laute exakt dargestellt wurde. Die Laute ihrerseits jedoch existierte schon mehrere Jahrhunderte zuvor im arabischen Raum, lange bevor die Araber mit der griechischen Wissenschaft in Berührung kamen. Touma hält eine Assimilierung oder eine Weiterentwicklung der griechischen Tetrachordteilung durchaus für möglich, schließt aber eine bloße Übernahme derselben durch die Araber aus.

Der libanesische Musik-Theoretiker Michel Mishaka hat dann Ende des letzten Jahrhunderts – auf dem System von al-Farabi fußend – die Teilung der Oktave in 24 Intervalle vorgenommen, das heißt in 24 Vierteltöne. Deshalb sprechen wir auch von der arabischen Musik als einer *Viertelton-Musik.*

Touma ist weiter der Ansicht, dass das griechisch-pythagoreische Tonsystem von Safiyuddin al Urmawi (* 1284) aufgegriffen und in der Türkei sowie in Persien weiterentwickelt wurde, wo es bis heute die Musikpraxis beider Länder bestimmt.

Wenn bis heute auch nicht erwiesen sein sollte, in welchem Umfang Teile der griechischen Musiktheorie vom arabischen System assimiliert worden sind, eines bleibt unbestritten: Unsere abendländische Musik hat griechisch-arabische Wurzeln. Die Berührung des frühmittelalterlichen Europa mit dem arabischen Andalusien, der Einfluss von Lebensart, Kunst und Kultur – speziell der maurischen Musik-Kultur – ist durch zahlreiche Fakten belegt.

Anfang des 9. Jahrhunderts entbrannte in Bagdad am Hofe des Kalifen Harun al-Raschid ein Streit zwischen den Anhängern der alten arabischen Musiktradition und ihren Erneuerern. Sirjab, ein Schüler des berühmten Musikers Ishaq ibn Mausili und auf diesem Gebiet sein Widersacher, zog die Konsequenzen. Er verließ den Kalifenhof in Bagdad und traf im Jahre 822 in Andalusien ein. Hier, am Hofe des Emirs zu Córdoba, fand er ein ihm gemäßes Betätigungsfeld und für seine neuen Ideen eine aufgeschlossene Umgebung. Auf der Grundlage der altarabischen Musiktradition, doch durchsetzt mit seinen neuen Ideen, gründete er in Cordoba eine Musikschule. So wurde Córdoba zur Wiege der *andalusisch-arabischen* Musik, aus der sich die *Nauba-Musik* Nord-Afrikas, die provenzalische *Troubadour-Kunst* (übrigens: Das Wort «Troubadour» leitet sich ebenfalls von dem arabischen Wort «al-tarab», das, wie schon vorher erwähnt, Genuss und Freude beim Musik-Hören bedeutet, ab) entwickelte; und daraus folgend – für manche sicher neu – der deutsche *Minnesang* mit seinen bedeutenden Vertretern Walther von der Vogelweide und Hartmann von Aue.

Mit dem Einfluss der andalusisch-arabischen Musik auf das nördliche Aquitanien, das heißt mit der Entstehung der Troubadour-Gesänge, beschäftigten sich in den Zwanziger- und Dreißigerjahren dieses Jahrhunderts besonders zwei Autoren sehr intensiv: der Spanier Julian Ribera und der Engländer Henry George Farmer. Ribera vertrat (nach E. R. Perkuhn 1976, S. 92) und belegte seine Ansicht durch vergleichende Beispiele, dass die Vorläufer der Troubadour-Gesänge die andalusischen «Zagal» und die «Muwaschachat»-Lieder gewesen seien. Der arabisch-spanische Hofpoet verfasste wie der provenzalische Troubadour Liebeslyrik, um der geliebten und bewunderten Frau zu huldigen, und zwar in einem sehr ähnlichen metrisch-formalen Verssystem. Beide beginnen mit einem zweizeiligen Refrain und gehen dann in vierzeilige Strophen über. Im maurischen Spanien gab es Poeten und Sänger fürstlicher Herkunft, aber auch umherziehende Spielmänner niedrigen Standes, die ihre Lieder überall im Lande vortrugen. Die fünfsaitige arabische Kurzhals-Laute übernahmen die Troubadoure; über sie gelangte die Laute dann weiter nach Norden. Ähnliche Strukturen finden wir dann bei unseren höfischen Rittern, die bei uns im Mittelalter (11. und 12. Jahrhundert) die Kunst des Minnesanges pflegten.

Interessant ist, dass die Idee der Unterwerfung und der Ergebenheit in den Willen einer Frau aus dem arabischen Andalusien stammt. Aber was für einen Araber jener Zeit stilechtes Verhalten war, nämlich sich stolz und öffentlich zu seinen Gefühlen zu bekennen, sie mit den innigsten Worten zu beschreiben, sein Innerstes nach außen zu kehren, wurde bei uns zur Nachahmung, zur «Vorspiegelung falscher Tatsachen». Im höfischen Mittelalter wurde zwar auch die «holde Frau» mit den glühendsten Versen verehrt und besungen. Sie war aber zumeist mit einem anderen verheiratet und stand daheim unter der Knute des: «Er sei dein Herr!» Ihr Mann dagegen verzehrte sich gleichfalls platonisch nach der Gunst einer anderen. Eine schizophrene Situation, der wir dennoch und vielleicht gerade wegen dieser widersprüchlich-unerfüllten Liebe viele schöne, die Jahrhunderte überdauernde Gedichte und Balladen zu verdanken haben.

3. Strukturen und Gattungen

Das arabische Ton-System besteht aus 7 Stufen und ist, wie bereits erwähnt, in 24 Vierteltöne unterteilt, das unsrige besitzt ebenfalls 7 Grundtöne, ist aber in 12 Halbtöne unterteilt.

Arabische Musik ist in ihrer Reinkultur immer monophon, das heißt einstimmig. Sie folgt nur einer einzigen Melodien-Linie, die immer wieder modifiziert und verfeinert wird. Im Gegensatz dazu steht unsere polyphone, mehrstimmige Musik, die sich im Laufe der letzten Jahrhunderte zu einem harmonischen, akkordischen Zusammenklang entwickelt hat.

Diese vorgegebenen Melodien-Linien, von denen es über 100 gibt und über 30 noch heute in Gebrauch sind, nennt man im Arabischen

Maqam (Plural: maqamat)

Jeder maqam hat einen eigenen Namen, der sich entweder auf seine geographische Herkunft bezieht – z. B. «maqam Hidschaz», «maqam Kurd» – oder auch eine besondere Gefühlsstimmung ausdrückt.

Der «maqam bayati» liegt häufig den fröhlichen Volks- und Tanzliedern zugrunde, der «maqam saba» beispielsweise löst ein Gefühl von Ferne und Traurigkeit aus, und der «maqam Sigah» wird meist bei Liebesliedern benutzt.

Diese Art zu musizieren kannte man bereits im alten Mesopotamien. Auch hier wurden bestimmte Gemütsstimmungen bestimmten Melodien-Typen zugeordnet. Zu besonderen Anlässen wie Hochzeit, Begräbnis, Aussaat und Ernte wurden dazu passende maqamat ausgewählt und vorgetragen. In ihnen wird eine Art kosmische Verbundenheit der Menschen mit dem All durch die Musik ausgedrückt. Als Ibn Sina (auch Avicenna genannt), der große arabische Philosoph († 1037), die im 11. Jahrhundert üblicherweise gespielten zehn maqamat beschrieb, gab er z. B. auch genaue Anweisungen, zu welcher Tageszeit (Sonnenauf- oder -untergang) und zu welchen Anlässen bestimmte maqamat vorgetragen werden sollten. Nun, ganz so streng geht man heute nicht mehr vor, obwohl z. B. der «maqam hariri» aus dem 11. Jahrhundert bis heute nur während des Fastenmonats Ramadan ausgeführt wird. Eine Wirkung auf die Seele ist unbestritten; der jeweilige maqam kann mutig, fröhlich, traurig oder meditativ stimmen.

Ein maqam ist also ein melodischer Modus, der sich um eine Kernzelle von drei bis vier bestimmten Tönen rankt, die in ständig neuer Variation immer wiederkehren, daher unser Eindruck von Monotonie. Nur innerhalb dieses Rahmens hat die schöpferische Phantasie Freiheit. Ein maqam besteht aus mehreren Melodiezügen, die durch kurze Pausen voneinander getrennt sind.

In jedem Melodienzug tritt etwas Neues auf, das aber auf das Tongeschehen zuvor Bezug nimmt und es weiterentwickelt. Wenn man so will, besteht der maqam aus einer raffinierten musikalischen Linienführung, einer bis ins Unendliche verfeinerten, auf den Grundmodus aufbauenden Arabeske. Es ist nur folgerichtig, dass wir das Prinzip der Arabeske auch in der Musik der Araber finden, so wie wir dieses bis ins Unendliche ausschmückende und verzierende Element eines Grundmotivs auch auf anderen Gebieten der arabischen Kunst kennen, z. B. in der Architektur, im Handwerk, in der Schriftkunst oder auch im Orientalischen Tanz – in den kunstvollen Variationen einer Grundbewegung.

Der maqam kann instrumental wie auch vokal ausgeführt werden und ist von seiner zeitlichen Länge her unbegrenzt. Es bleibt der Fähigkeit und der Phantasie des jeweiligen Musikers überlassen, wie oft er die Tonebenen miteinander verknüpft und wiederholt, bis er schließlich zum Höhepunkt, zur höchsten Tonebene gelangt. Der Ausführende muss demnach schöpferische Qualitäten besitzen, um derart improvisieren zu können. Der maqam wird so jedes Mal neu geschaffen, keiner gleicht dem anderen.

Da sehe ich wieder Parallelen zum Bauchtanz, dessen flutende Bewegungen und Impulse auch nicht wiederholbar sind, jedes Mal etwas anders ausfallen und neu geschaffen werden. Der Tanz vergeht schon im Entstehen, keiner gleicht dem anderen.

Die edelste und vollkommenste Darstellung des maqam ist der «maqam al iraqi», der im Irak seit über 400 Jahren mündlich durch irakische Meister überliefert wird. Er besteht aus einem gesungenen Gedicht oder einer längeren Ballade. Zum Ensemble gehören ein Sänger und drei Instrumentalisten: Santur (Schlagzither), Dschose, Kamandscha (Spießgeige) und Tabla (Trommel). Die Aufführung eines vollständigen maqam-Konzertes, auch «fasl» genannt, kann mehrere Stunden dauern und besteht aus fünf verschiedenen maqam-Gattungen. Zwei berühmte, heute noch lebende maqam-Sänger sind Magid Raschid und Abbas al-Qasam. Ebenfalls aus dem Irak stammt der berühmte Ud-(Laute-) Virtuose Munir Baschir.

Taqsim

Den Ausdruck «taqsim» werdet ihr sicher schon häufiger gehört haben. Er gehört bereits zur «Bauchtanz-Sprache». Beim Bauchtanz ist damit der langsame, melancholische Teil gemeint, bei dem du meist am Boden tanzt.

Mit taqsim bezeichnet man den Solo-Instrumentalteil eines Musikers, der entweder auf der «ud» (Laute), der «kamandscha» (Spießgeige), auf dem «qanun» (Zither) oder auf der «nay» (Flöte) vorgetragen wird. In seltenen Fällen wird er von der Trommel akzentuiert. Im taqsim kann der Instrumentalist sein ganzes Können und seine Originalität zeigen. Dem westlichen Beobachter erscheint das taqsim-Spiel oft als eine Komposition. Das ist es aber nicht. Bei einer Komposition wird ein Stück einmal komponiert, festgelegt und immer wieder so aufgeführt. Das taqsim dagegen – als Solo-Teil des maqams – entsteht immer wieder von neuem. Es beinhaltet allerdings insofern ein kompositorisches Element, als der Musiker sich an den Grundmodus, die Keimzelle des maqams, halten muss, verbunden aber mit dem improvisatorischen Element, da ihm keine zeitlichen Grenzen vorgegeben sind. Dies ist ein einzigartiges Phänomen, das wir in unserer Musik nicht kennen.

So wie der Irak für die Pflege der reinen maqam-Musik bekannt ist, wird in Syrien und hier vor allem in Aleppo, die Musikgattung des

Muwaschah (Plural muwaschachat)

gepflegt, die aber auch in Ägypten verbreitet ist. Diese Gattung ist im 9. Jahrhundert im arabischen Andalusien entstanden und dann in anderen arabischen Ländern von den rückflutenden spanischen Arabern übernommen worden. Ein muwaschah ist ein gesungenes Gedicht, das mit einem zweizeiligen Refrain beginnt und in vier-, manchmal auch fünfzeilige Strophen mündet. Zwar basiert der muwaschah wie der maqam auf einer bestimmten Melodien-Reihe, wird aber zusätzlich noch von einer speziellen rhythmischen Formel akzentuiert, ausgeführt von einer Trommel.

Meist wird ein muwaschah von einem Musik-Ensemble mit Männerchor aufgeführt. Da dem muwaschah nicht nur ein Melodien-Typus, sondern auch ein rhythmischer Modus zugrunde liegt, sind hier auch Kompositionen möglich. Berühmte muwaschah-Komponisten waren z. B. Omar al-Batsch aus Aleppo und Sayid Derwisch aus Ägypten. Ich habe festgestellt, dass gerade die muwaschachat in der arabischen Welt außerordentlich beliebt sind. Ein Muwaschah-Konzert, auch «waslah» genannt, ist immer ausverkauft. Vielleicht hat es etwas mit jener irrationalen arabischen Sehnsucht nach ihrer großen andalusischen Vergangenheit zu tun. Ich meine, dies manches Mal in der hingebungsvollen Versunkenheit und in den verklärten Blicken der Zuschauer gelesen zu haben.

In Nordafrika hat sich eine andere Musikform der alten Meister Andalusiens, die

Nauba-Musik

erhalten. Die nauba, auch nuba genannt, ist ebenfalls ein vertontes Gedicht, auf einer bestimmten Rhythmus-Formel basierend, die sich aber noch zusätzlich systematisch steigert. Die nauba richtet sich nicht nach der klassisch-arabischen Versmetrik, sondern lebt von freien Hebungen und Senkungen der Stimme. Interessanterweise können wir heute in Nord-Afrika drei nauba-Stile unterscheiden, den Stil des maurischen Granada finden wir im heutigen Marokko wieder, vor allem ijn Fes, den Stil Cordobas im heutigen Algerien, hier vor allem in Tlemcen, und dem Stil des alten arabischen Sevilla begegnen wir heute in Tunesien.

Qasidah-Gattung

Als qasidah bezeichnet man ein Gedicht, das im klassischen arabischen Versmaß entstanden ist, aus 10, manchmal auch 25 Zeilen besteht und einen einheitlichen Endreim hat. Es basiert wie der muwaschah auf einer rhythmischen Formel. Bei der Aufführung wirken ein Sänger oder eine Sängerin, ein Chor und ein Orchester mit. Die weltliche Kunstform der qasidah gelangte in Ägypten im 19. Jahrhundert zu seinem Höhepunkt. Die qasidah religiösen Inhalts ist besonders bei den Sufi-Bruderschaften der arabischen Welt verbreitet.

Layali

Unter layali versteht man zumeist Liebeslieder. Berühmt sind die immer wiederkehrenden Anfangsworte des layali – vielleicht hast du sie schon einmal gehört: «Ya leli, ya ayni» (Oh, du meine Nacht, o du mein Auge). Es galt als unschicklich, seine Geliebte mit Namen anzusprechen. Deshalb diese Umschreibung. Beim layali begleitet sich der Sänger meist selbst auf der Laute. Das layali ist eine reine Darstellung eines maqams *ohne* zusätzliche ryhthmische Formel.

Rhythmen («wazn» oder «iqa'at»)

Wie wir nun wissen, gibt es also in der arabischen Musik *zwei* verschiedene Gattungen. Die eine erschöpft sich im rein *melodischen* Bereich, (z. B. beim layali), die andere basiert zusätzlich auf einer *rhythmischen* Formel (z. B. muwaschah, nauba, qasidah).

Fällt es dem westlichen Menschen schwer, konzentriert und mit Genuss der monophonen Melodien-Führung des maqam zu folgen, so ändert sich dies häufig sehr schnell, wenn diese Melodien-Linien mit Trommelrhythmen unterlegt sind. Im 9. Jahrhundert hat es, so der arabische Gelehrte al-Kindi († 874), zehn verschiedene Rhythmen gegeben; heute existieren über 100 (zum Vergleich: In unserer westlichen Musik gibt es lediglich 18 Rhythmen). Einige dieser Rhythmen werden wir im Folgenden noch gesondert behandeln; sie begegnen uns beim Bauchtanz immer wieder und werden besonders beim Zimbelspiel wichtig.

Der Rhythmus im arabischen Orchester wird entweder vom riqq (Schellentrommel) oder von der darabukka (Tontrommel) vorgegeben.

Die einzelnen Trommelschläge nennt man «dum» und «tak». Der tiefer klingende dum-Ton wird auf die Mitte der Trommel-

Membrane geschlagen, der heller klingende tak-Ton auf den Trommelrand. Einige bekannte Rhythmen sind: der 4/4 Baladi, der 8/4 Masmudi, der 8/4 Chiftetelli, der 6/8 Chlas, der 9/8 Arsaq.

4. Musik-Instrumente

Al-Ud (arabisch: das Holz)

Die Ud ist eine *Kurzhals-Laute* und fungiert als Hauptträger der arabischen Musik-Tradition. Bereits in der vorislamischen Zeit war sie das beliebteste Instrument gewesen und ist es bis heute geblieben. Wie schon erwähnt, orientiert sich das arabische Tonleiter-System an den Bünden am Hals der Laute. Der bereits genannte al-Farabi bezeichnet die Laute als das vollkommenste aller Instrumente. Über das arabische Andalusien gelangte die Laute mit den Troubadouren in das mittelalterliche Europa und erlebte hier im 16. Jahrhundert den Höhepunkt ihrer Popularität. Noch J. S. Bach schrieb Werke für das «arabische Holz», das erst im 18. Jahrhundert durch das Klavier ersetzt wurde. Die Bezeichnungen für «Laute» weisen in fast allen europäischen Sprachen auf seine arabische Herkunft hin: Altspanisch: «alaude», italienisch: «liuto», englisch: «lute», deutsch: «Laute» – einige haben sogar noch den arabischen Artikel «al».

Die Laute hatte ursprünglich nur vier Saiten. Jede dieser vier Saiten symbolisierte ein menschliches *Temperament* bzw. die damals bekannten Körpersäfte wie Blut, die gelbe und die schwarze Galle und das Phlegma. Sirjab, von dem bereits die Rede war, fügte im 9. Jahrhundert in Cordoba eine fünfte Saite hinzu, die *Seele.*

Qanun

Der qanun ist ein Instrument, das unserer *Zither* oder dem Hackbrett ähnelt, und ist unter diesem Namen bereits seit dem 10. Jahrhundert bekannt. Er ist ein großes, rechtwinkliges, trapezförmiges Instrument mit 72 Saiten. Die Saitenzahl kann je nach geographischer Region variieren. Der qanun wird mit kleinen Zupfplektren an beiden Zeigefingern gespielt. Früher saß der Musiker im Schneidersitz auf dem Boden und hatte das ziemlich schwere Instrument auf den Knien. Heute sitzt er auf einem Stuhl, und der qanun liegt vor ihm auf einem Tisch. Unser Cembalo hat sich übrigens aus dem qanun entwickelt.

Kamandscha oder Dschose

Das dritte wichtige Saiten-Instrument ist die «kamandscha», eine viersaitige *Spießgeige,* die heute in den arabischen Orchestern nichts weiter als eine europäische Violine ist. Unsere europäische Violine ging aus dem «rabab» hervor, einem nur zweisaitigen Streichinstrument, dessen Resonanzkörper aus einer halben Kokosnuss oder einem Schildkröten-Rücken besteht und in dieser traditionellen Form noch heute überall in der arabischen Volksmusik Verwendung findet. Von al-Farabi wurde sie bereits im 10. Jahrhundert als Bestandteil des arabischen Orchesters beschrieben. Vom arabischen Andalusien aus nahm der rabab den gleichen Weg wie die Laute und wurde bei uns im frühen Mittelalter als «Fiedel» bekannt. Diese ist nun bekanntermaßen die Vorläuferin unserer Violine. Im 20. Jahrhundert ersetzte man im arabischen Kunstmusik-Orchester im Zuge der «Erneuerung» den rabab durch die europäische Violine, die kamandscha oder dschose. So kehrte sie verändert zum Ausgangspunkt ihrer Wanderung durch Raum und Zeit zurück.

Nay

Die nay ist eine offene *Längsflöte* aus Bambusrohr mit sechs Grifflöchern vorn und einem hinten. Obwohl von der Struktur her ein recht einfaches Instrument – z. B. längst nicht so kompliziert wie der qanun –, hat die nay in der arabischen Region einen besonders hohen Grad an Klangqualität erreicht, die besondere seelische Stimmungen, z. B. Sehnsucht und Zerrissenheit, sehr gut auszudrücken vermag.

Mizmar (auch «mizmar baladi»)

Das mizmar ist – wie das Wort «baladi» unterstreicht – ein volkstümliches *Blasinstrument,* unserer Oboe oder Klarinette ähnlich. Mit kleinen Abweichungen in Form, Material und Größe ist das mizmar in der gesamten arabischen Welt bekannt.

Es findet, wie gesagt, lediglich in der Volks-, nicht aber in der Kunstmusik Verwendung.

Riqq

Der riqq ist eine *Schellentrommel.* Als Membran dient eine Fisch- oder Ziegenhaut; die zehn Schellenpaare sind in gleichmäßigen Abständen rings um den Trommelrand herum angebracht. Ihr Durchmesser beträgt ungefähr 20 cm.

Darabukka,

auch «durbakke», «dunbak» oder «tabla» genannt, ist eine kelchförmige *Trommel* aus Ton, die während des Spielens auf dem Oberschenkel gehalten wird. Die Spannung der Trommelhaut wird durch Hitze oder Reibung künstlich erhöht, um einen satten, hellen Klang zu erzeugen. Die darabukka oder tabla ist ein äußerst populäres Instrument in der gesamten arabischen Welt, das sowohl in der Kunst- als auch in der Volksmusik Verwendung findet (siehe Abbildung).

Herstellung einer darabukka: Überziehen des Fells, Kairo 1983 (Foto: Bilderarchiv I. Rieche)

Daff

Ebenfalls eine *Schellentrommel* mit größerem Durchmesser – ca. 30 cm. Der daff ist insgesamt flacher als der riqq und hat nur 5 Schellenpaare. Interessanterweise wird der daff nur von Frauen, früher meist älteren, gespielt und ist damit speziell der Bauchtanz-Musik zugeordnet. Der daff – unser Tambourin – ist ein uraltes Instrument, auf dem sich bereits die Tänzerinnen im alten Ägypten begleitet haben.

Das traditionelle arabische *Orchester* (auch «tacht» genannt) besteht aus Ud, kamandscha, qanun, nay, riqq und darabukka.

Solltest du einmal in Kairo sein, so versäume nicht, die Hinterhöfe der Sharia Mohammed Ali (heute *Sharia El-Qa'la)* zu durchstöbern. In dieser Straße gibt es alles, was du zum Bauchtanz brauchst. In den Geschäften findest du Instrumente, Zimbeln und Kostüme (nach denen musst du allerdings fragen), und in den Hinterhöfen kannst du den Handwerkern beim Herstellen all der zuvor beschriebenen Instrumente zusehen.

5. Tanzen mit Zimbeln

Allgemeines

Schließlich noch einige Informationen zu einem *Schlaginstrument,* das für den Bauchtanz sehr wichtig ist: Den Finger-Zimbeln oder Finger-Schellen, im Arabischen «sagat» genannt. Bereits im alten Ägypten, in Kreta und in Griechenland haben sich die Frauen mit hölzernen, später metallenen Finger-Schellen oder Klappern (sistrum), wie aus bildlichen Darstellungen ersichtlich ist, selbst begleitet (Abb. S 34/35).

Interessanterweise leitet sich unser Wort «Zimbel» (oder englisch «cymbal») ethymologisch von der phrygischen Muttergöttin «Kybele» oder «Kymbele» her. Sie war die bedeutendste Verkörperung einer Fruchtbarkeitsgöttin aus dem Matriarchat, die schon in prähistorischen Zeiten im gesamten Mittelmeerraum verehrt wurde. Sie war zuständig für die Erneuerungskräfte in der Natur, für die Fruchtbarkeit bei Menschen, Tieren und Pflanzen. Erst sehr viel später wurde diese fremde Göttin von der griechischen und später von der römischen Mythologie als «Magna Mater» – als die große Mutter, die Mutter aller Götter – übernommen und verehrt.

Ihre Kultstatt war der Berg Dindymos im heutigen Anatolien. Wie die Sage berichtet, wurden hier ihr zu Ehren wilde Feste gefeiert und ekstatische Tänze aufgeführt, zu denen man sich auf der Zimbel ähnlichen Schlaginstrumenten begleitete, die damals, wie gesagt, sicher noch aus Holz waren.

In den arabischen Ländern werden die «sagat» heute als Musikinstrumente angesehen. Im Begleitorchester berühmter Bauchtänzerinnen habe ich einen, manchmal gar zwei Männer oder auch Frauen gesehen, die Zimbeln spielten. Diese waren jedoch größer als die, die wir normalerweise benutzen.

Die Zimbeln der Tänzerin liegen während ihrer Vorstellung

auf dem Tisch des qanun-Spielers, ebenso der Stock und der Leuchter, die sie ab und zu, meist gegen Ende der Vorführung, für eine Folklore-Einlage benutzt.

Während der Show, die meist 25 bis 30 Minuten dauert, steckt sich die Tänzerin die Zimbeln an und tanzt höchstens 5 bis 6 Minuten damit. Sie behält sie auch nicht während der gesamten Vorstellung an den Händen, wie es manche amerikanische Tänzerinnen tun, da dies auf Kosten der schönen Arm- und Handbewegungen ginge.

Dies ist vielleicht ein kleiner Trost für alle, die die Schwierigkeiten des Tanzens mit Zimbeln schon kennen gelernt haben und denen es trotz eifrigen Übens nicht leicht fällt, Melodie, Rhythmus, die Tanzbewegungen und auch noch das Zimbelspiel miteinander zu koordinieren.

Zimbeln befestigt man jeweils am Mittelfinger und am Daumen. Achte darauf, dass der Gummi gut sitzt. Ist er zu fest, werden deine Finger blau. Ist er zu locker, kannst du sie unter Umständen beim Tanzen verlieren.

Die Klangfülle der Zimbeln kannst du beliebig variieren. Schlägst du sie aus größerer Entfernung aufeinander und kommst dabei mehr auf den Rändern auf, ist der Ton hell und glockenähnlich. Schlägst du sie kurz und dicht zusammen, ist der Ton tief und satt. Eine andere Variation ist, die Daumenschelle senkrecht zu halten und mit der Mittelfingerschelle von oben draufzuschlagen. Du erzielst so einen ganz leisen und subtilen Klang, den du nur bei langsamen Musikpassagen anwenden solltest.

Zimbel-Rhythmen

In ihren Rhythmus-Strukturen folgen die Zimbeln den dum- und tak-Schlägen der Trommel. Falls du einmal aus dem Rhythmus kommst, konzentriere dich auf den dum-Schlag der Trommel und richte dich nach ihm, bis du wieder im Takt bist. Mache es dir zur Angewohnheit, die dum-Schläge mit der rechten und die tak-Schläge mit der linken Hand auszuführen; dann läuft es nach einiger Zeit des Übens ganz automatisch.

Die gebräuchlichsten Rhythmen arabischer Tanzmusik sind:

Der 4/4 Baladi, der 8/4 Chiftetelli, der 8/4 Masmudi. Sehr verbreitet ist auch der türkische 9/8 Karshlimar.

Die Struktur eines Rhythmus besteht aus einer Kombination von mindestens zwei gleichen oder auch ungleichen Zeitabschnitten. Das bedeutet z. B. bei dem gebräuchlichsten 4/4 Rhythmus, dass 4 Schläge ein Element oder eine Zeiteinheit bilden. Einer dieser 4 Schläge kann auch durch eine Pause ersetzt werden, die genauso lang sein muss wie ein Schlag, damit der Rhythmus in sich nicht gestört wird.

Der Grundrhythmus des 4/4 -*Baladi* sieht demnach so aus:

dum tak tak dum tak

In unserer Finger-Zimbelsprache:

re li Pause li re li

Beim 8/4 *Chiftetelli,* der meist langsam, aber auch schnell gespielt werden kann, bedeutet dies 8 Schläge pro Zeiteinheit:

dum take tak take dum dum tak Pause /

«take» bedeutet ein kurzes Nachschlagen mit links, bei der Trommel nennt man diesen unbetonten Nachschlag «Kah».

In Zimbelsprache umgesetzt:

re lil li lil re re li Pause /

Beim 8/4-*Masmudi* bilden 8 Schläge zwei Zeit-Elemente:

dum dum Pause tak / dum Pause tak tak

In Zimbelsprache:

re re Pause li / re Pause li li

Beim *türkischen 9/8-Karshlimar* bilden 4 Elemente 9 Schläge (2 + 2 + 2 + 3)

dum dum / tak tak / dum dum / tak tak tak /

In Zimbelsprache:

re re / li li / re re / li li li

Als kleine Hilfe beim Spielen dieses langen Rhythmus: Die Betonung liegt auf dem 1., 3., 5. und 7. Schlag.

Wenn du anfängst, dich mit dem Zimbel-Spielen zu beschäftigen, so setzt du dich am besten gemütlich zu Hause hin, oder ihr findet euch mit der Gruppe in einer Runde zusammen und übt so lange, bis ihr ein gewisses Gefühl für die Koordination der Zimbel-Schläge mit den Trommelrhythmen entwickelt habt. Erst dann wagt einfache Tanzschritte.

Hier ein einfacher Kombinations-Vorschlag im Baladi-Rhythmus mit dem Hüftschwung-Schritt:

Zimbel	*re*	*re*	=	Hüftschwung-Schritt	*re*	*re*	
Zimbel	*li*	*li*	=	Hüftschwung-Schritt	*li*	*li*	
Zimbel	*re*		=	Hüftschwung-Schritt	*re*		
Zimbel	*li*	*li*	=	Hüftschwung-Schritt	*li*	*li*	usw.

Achte darauf, dass beim Tanzen mit Zimbeln deine Hüftbewegungen, die Zimbel- und die Trommel-Schläge eine harmonische Einheit bilden. Dies braucht viel Übung und Geduld.

Wenn du dich noch näher mit dem Tanzen mit Zimbeln beschäftigen willst, empfehle ich dir das Buch von Mary Ellen Donald: «Mastering Finger Cymbals – popular belly dance rhythms with suggested dance steps» – zu bestellen über Mary Ellen Books, P. O. B. 7589 San Francisco CA 94120.

Hinweise für die Zusammenstellung und die Vorführung eines Bauchtanzes

Für jede Frau kommt irgendwann der Zeitpunkt, an dem sie sich sicher genug fühlt und Lust hat, sich in diesem Tanz, der langsam in ihr gewachsen ist, auszudrücken. Dies kann je nach Talent und Trainingszeit ein, zwei oder auch drei Jahre dauern. Aus ihren Lieblings-Musikstücken möchte sie sich nun ein kleines Repertoire zusammenstellen und dazu die entsprechenden Tanzfiguren kreieren.

Für die Zusammenstellung dieses «Tanz-Mosaiks» möchte ich dir einige Hilfen geben. Auch wenn der Bauchtanz ein Improvisationstanz ist, so gibt es doch für seine Vorführung einige feste Regeln, die du beachten solltest. Innerhalb dieser dehnbaren Richtlinien hast du immer noch genügend Spielraum zur Entfaltung deiner eigenen Phantasie und Kreativität.

1. Du hast den Schleier vor dem Tanz an deinem Kostüm drapiert und dir überlegt und auch ausprobiert, wie du ihn später während der Vorführung am besten «abtanzt». Die meisten Bauchtänzerinnen beginnen gewöhnlich ihre Vorstellung mit einem fröhlichen, *schnellen* Stück im 4/4 Baladi-Rhythmus. Ich halte dies für eine gute Regel, an die man sich halten sollte. Mit diesem Rhythmus wird es dir gelingen, die Zuschauer aus ihren Gesprächen zu reißen und ihre Aufmerksamkeit auf dich zu lenken. Auch wirst du selbst durch die schnellen Bewegungen rasch warm, sodass deine Muskeln und Gelenke gut durchpulst sind für die folgenden Tanzfiguren. Während des Baladi-Teils wirst du zumeist kommunikativere Bewegungen ausführen, wie z. B. Hüftschwünge in sämtlichen Variationen, den Hüftschwungschritt, Hüftschwung-Drehungen, Hüftschimmies von oben nach unten, Schulterschimmies usw.

2. Nach dem lebhaften Teil folgt meist ein taqsim, das heißt ein Solo-Instrumentalteil ohne Trommelakzentuierung. Hier kannst du z. B. all deine Energie in schöne, schlangenhafte

Armbewegungen geben, während du, in eine Drehung übergehend, unauffällig die Schleierzipfel aus ihren Befestigungen löst, um danach einige Schleierwirbel-Variationen anzuschließen. Die Trommel setzt wieder ein, und der Rhythmus geht z. B. in einen *mittelschnellen* Chiftetelli oder einen großen Masmudi über. Jetzt kannst du – entweder hast du den Schleier bereits abgelegt, oder du hältst ihn noch hoch über deinem Kopf – all deine raffinierten binnenkörperlichen Tanzbewegungen zeigen: Du drehst dich zwar um dich selbst, jedoch in einem sehr engen Kreis. Deine einzelnen Körperzentren bewegst du nun isoliert von unten nach oben und umgekehrt. Du beginnst z. B. mit dem Hüft-Drop, dann Hüft-Drop-Schwenken, gehst über in das Hüft-Kreisen, Bauchrollen, Brustkorb-Verschieben, Brustkorb-Kreisen, in Schulter- und Kopfkreise, die Kamelbewegung usw.

3. Die Musik wird wieder *langsamer.* Es folgt ein Instrumenten-Solo von Nay, Ud oder Qanun, evtl. mit einem Trommelrhythmus unterlegt. Mit einigen ausgeprägten Bewegungen bereitest du dein Hinabgleiten zum Boden vor. Dieser Teil wird auch zumeist der *dramatische Höhepunkt* deines Tanzes sein. Als dramatischen Höhepunkt bezeichne ich den Teil der Vorführung, in dem von dir die stärksten Energieströme ausgehen und du die Zuschauer in die höchste Spannung versetzt. Dies muss nicht unbedingt beim Bodentanz geschehen, sondern kann durchaus auch der Schleierteil sein. Es hängt allein von deiner persönlichen Vorliebe ab.
   Nach dem dramatischen Höhepunkt folgt ein weiteres Zwischenspiel und darauf dann

4. der *ekstatische Höhepunkt,* in dem sich all die vorher erzeugte Spannung entlädt. Wenn du z. B. genügend Kraft und Energie besitzt, um diese Spannung zwei Mal zu erzeugen, so spricht nichts dagegen, dass du zwei Akzente dieser Art setzt.

Professionelle arabische Tänzerinnen guter seelischer und körperlicher Kondition sind in der Lage, während eines Tanzes drei bis vier dieser starken Spannungskurven auszutanzen. Wenn du dich beim dramatischen Höhepunkt zu einem Bodentanz entschlossen hattest, kommst du nach Beendigung dieses Bodenteils wieder graziös auf beide Beine, und die Musik geht in einen fröhlichen 4/4-Takt über, ähnlich wie zu Beginn. Die Trommel steigert sich, wird schneller und schneller. Du solltest in der Lage sein, ihr exakt zu folgen mit den verschiedensten Schimmy-Variationen bis hin zum Zitterschimmy. Durch immer schneller werdende, wirbelnde Derwisch-Drehungen gelangst du zum *ekstatischen Höhepunkt* und reißt das Publikum mit. Zuerst zum Mitklatschen und am Ende vielleicht sogar zum Mittanzen!

Jeder dieser vier Teile sollte zwischen 2 und 5 Minuten dauern. Eine professionelle Vorführung eines Tanzes ist insgesamt 20–25 Minuten lang. Wenn du dir am Anfang einen hübschen Tanz zusammenstellst, der nur 10 Minuten dauert, so ist das durchaus ausreichend.

Hast du dir nun einen Tanz ausgedacht und bist dabei, ihn auszufeilen, um schöne, fließende Übergänge zu schaffen, so beachte dabei noch Folgendes: Wenn du z. B. die Hüftschleife machst, dann solltest du die Figur Acht der *Hüfte* anschließen, die Schlangenacht usw. Dies sind alles Figuren *einer Familie.* (Der Lehrbuchteil ist bereits so abgefasst, dass die miteinander verwandten Tanzfiguren, die Tanzfiguren-Familien, kapitelmäßig nacheinander behandelt werden.) Aus der Schlangenacht gehst du in eine weitere fließende Bewegung über, den Hüftkreis. Aus der seitlichen Position des Hüftkreises heraus kannst du nun in den Hüftschwung überleiten. Jetzt bist du bereits in der nächsten Figuren-Familie, den mehr kommunikativen Bewegungen, zu der alle Variationen des Hüftschwungs, des Hüft-Drops wie auch das Hüftwippen und Hüftpendel gehören.

Mit Schritten kombiniert, kannst du jede dieser Bewegungen 4- bis 6-mal ausführen. Wenn du von hier aus wieder in einen langsameren Teil übergehen möchtest, werde langsamer mit dem Hüftpendel und leite über entweder in die Figur Acht oder den Hüftkreis usw.

Eine weitere Familie bilden alle Figuren, die du mit dem *Oberkörper* machen kannst. So wäre es z. B. unsinnig und einem fließenden Übergang geradezu entgegengesetzt, würdest du einer Hüftschleife einen Schulterschimmy folgen lassen. Wenn die Musik abrupte Übergänge fordert, dann versuche z. B. in einem Körperzentrum zu bleiben, das heißt aus der Hüftschleife in einen Hüftschimmy überzugehen und aus einer Brustkorbwelle in einen Schulterschimmy usw.

Um die Spannung zu steigern, rate ich dir, ab und zu in einer Bewegung zwei Sekunden oder einen Trommelschlag lang zu verharren, um erst beim nächsten wieder fortzufahren. Wende dies aber nicht zu häufig an. Je sparsamer du damit umgehst, desto größer wird der Effekt sein.

Noch ein Wort zu den *Zimbeln.* Behalte sie auf keinen Fall während deiner gesamten Vorführung an den Händen. Während des oben beschriebenen vierteiligen Tanzmosaiks hast du z. B. zwei Möglichkeiten, dich mit den Zimbeln zu begleiten: Entweder zu Beginn, du betrittst die Tanzfläche bereits mit ihnen und nimmst sie dann ab, oder zum Ende hin: Du steckst sie dir vor dem letzten, lebhaften Teil auf und beendest damit deinen Tanz. Während der langsamen, von schmerzlicher Spannung durchdrungenen Teile sollten deine Zimbeln schweigen; sie wirken dann nur störend.

Eine bei ägyptischen Tänzerinnen und Zuschauern sehr beliebte Einlage ist der Tanz mit dem Stock («rakset-el-asaya»). Auch diese Variante war bereits vor einigen tausend Jahren im alten Ägypten bekannt und hat sich als Volkstanz, der besonders gern auch von Männern ausgeübt wurde, bis heute in Oberägypten erhalten. Für diesen Stock-Tanz zieht sich die Tänzerin meist um – ein enges, langes Folklorekleid, Bommel- oder Münztuch auf dem Kopf – und los geht's. Die Bewegungen dieses Tanzes sind sehr bauchtanzähnlich, doch durchsetzt mit vielen Folkloreschritten. Das typische Musikinstrument, das speziell in dieser volkstümlichem Musik Verwendung findet, ist der «Mizmar baladi», eine Art Klarinette, die mit ihrem schrillen, durchdringenden Ton nicht nur beim Jüngsten Gericht Verwendung finden könnte, sondern auch den letzten Zuschauer vom Sessel reißt!

Herstellen eines Bauchtanz-Kostüms

Seit jeher hat der Mensch, wenn er tanzte, sich dafür besonders gekleidet. Er symbolisierte damit, dass sich der Tanz von den anderen Tätigkeiten, die er tagtäglich ausübte, abhob. Wenn man so will, ist der Tanz auch keine Tätigkeit im eigentlichen, sondern im weitesten Sinn eine rauschhafte Erweiterung des Bewusstseins beim Tanzenden selbst, er erregt aber auch die Seelen der Zuschauer und beflügelt ihre Phantasie.

Hierbei spielt die Tanzkleidung eine wichtige Rolle. Wie die Pygmäen in Zentralafrika sich für den Tanz mit besonderem Blattwerk schmücken, die Menschen im alten Peru beim Tanz Puma-Felle trugen, die Frauen auf Hawaii beim Hula besonders weite Blätter-Röcke anziehen, so schlingen sich die Menschen im Orient einen Schal um die Hüften, der den gerade Tanzenden kennzeichnet. Vor allem hat er auch eine praktische Funktion, da er das tänzerische Spiel der Hüften besser hervorhebt. Nun, ein Schal genügt vollkommen für einen spontanen Tanz in der Familie oder in der Gruppe. Mit einem vollständigen Kostüm aber kannst du natürlich sehr viel mehr ausdrücken.

Wenn du ein Kostüm erfindest, bedenke dabei, dass du dich damit selbst ausdrückst. Nach ein bis zwei Jahren Beschäftigung mit dem Tanz wirst du dir ein eigenes Kostüm nähen wollen. Zwar hast du dann deinen eigenen Stil noch nicht gefunden, vielleicht aber schon die Richtung geschnuppert, in die du gehen möchtest. Aus diesen Gründen halte ich ein selbst gemachtes Kostüm für wirkungs- und ausdrucksvoller als ein gekauftes. Wie ein Maler ein Bild malt, so nähst und formst du dein Kostüm, das dir und deiner Art zu tanzen entsprechen sollte. Falls du Gelegenheit hast, dir irgendwo ein fertiges Kostüm zu kaufen, so musst du es passend für deine Figur machen. Drücke ihm dabei deinen ganz eigenen persönlichen Stempel auf. Denke immer daran, dass dein Kostüm ein Mittel deines eigenen tänzerischen Ausdrucks ist, ein Bindeglied zwischen dir, deinen Bewegungen und dem Publikum.

1. Die Pluderhose

Zuerst wirst du dir wahrscheinlich – wie die meisten anderen Frauen auch – eine Pluder- oder Pumphose nähen. Sie ist außerordentlich praktisch, und du kannst sie von Anfang an zum Üben tragen.

Kauf dir dazu einen weichen, fließenden, nicht zu dicken, auf jeden Fall luftdurchlässigen Stoff. Er kann geblümt, gestreift oder auch einfarbig sein. Miss die Länge von deinem Hüftknochen bis zur Erde und rechne als Nahtzugabe – und damit die Hose schön pludrig fällt – noch 10 cm hinzu. Für die Weite eines Hosenbeins solltest du mindestens 1,50 m Stoff rechnen.

Wenn also z. B. der Abstand von der Hüfte bis zum Boden 100 cm beträgt (du noch 10 cm hinzurechnest = 1,10 m), benötigst du bei einem doppelbreit liegenden Stoff (meist 1,50 m) für 2 Hosenbeine die doppelte Länge, d. h. also 2,20 m Stoff. Bei Stoff, der nur einfach breit liegt, (80 oder 90 cm) brauchst du doppelt so viel.

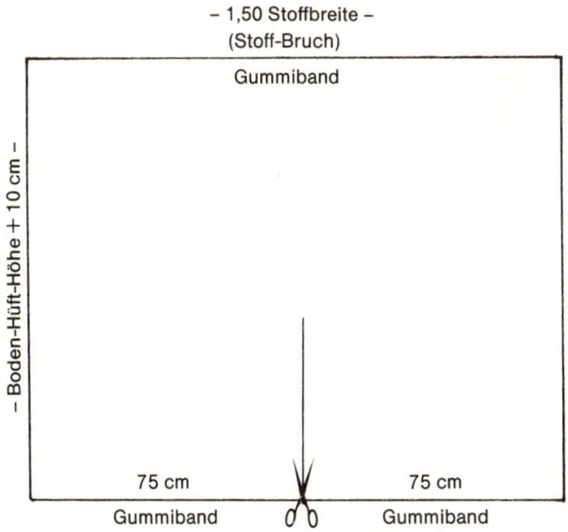

- Lege den Stoff nach obigem Plan aufeinander und schneide ihn zu.
- Schließe zuerst die Nähte innen an beiden Hosenbeinen bis ca. in Kniekehlen-Höhe.
- Nähe den unteren Rand der Hosenbeine 2 cm um und ziehe Gummiband hindurch.
- Säume den Hüft-Bund ebenfalls 2 cm um und ziehe ein Gummiband von der Größe deines Hüftumfanges hindurch.

Die Hosenbeine kannst du an den Knöcheln mit Borten, Münzen oder Pailletten verzieren. Um den Hüftbund kannst du ein farblich passendes Fransentuch schlingen und seitlich knoten.

Zu diesem Pluderhosen-Grundschnitt gibt es noch eine hübsche *Variation,* die statt eines Gummibandes in Hüfthöhe aus einem extra angenähten Hüftbund besteht.

Wenn du dir diese Hose nähen willst, musst du gleich 20 cm mehr Stoff kaufen, da du diesen Bund doppelt zuschneiden musst.

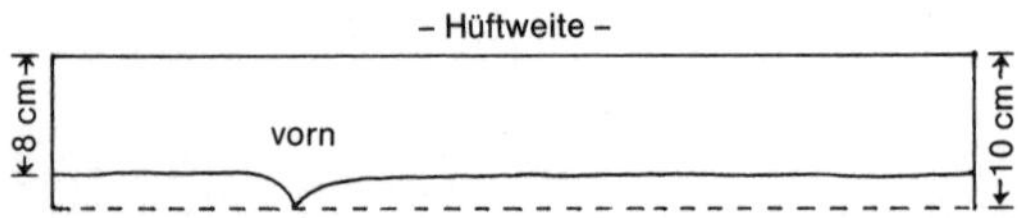

Mach dir einen Papierschnitt, schneide den Gürtel aus und bügele von innen selbst haftende Vlieseline ein. Schließe die Säume und nähe den fertigen Hüftbund an die Pumphose. Die Bundränder kannst du mit einer Zierborte versehen und mit Perlen oder Glitzer besticken.

2. *Der Bauchtanz-Tellerrock*

Im Folgenden findest du das Grundmuster eines orientalischen Bauchtanz-Rockes ägyptischer Art, der sich unendlich variieren lässt.

Kaufe dir für den Grundschnitt 6,0 m (1,20 breit) deines Lieblingsstoffes (z. B. Chiffon, Tüll oder Crêpe) in deiner Lieblingsfarbe. Denk dran – falls du einen passenden Schleier aus dem gleichen Material haben möchtest, brauchst du 3 m zusätzlich.

Miss für den Rock zuerst die Länge zwischen Hüfte und Knöchel und rechne 2 cm als Nahtzugabe hinzu.

Lege den Stoff 3-fach gefaltet übereinander und schneide ihn zu, wie auf der Abbildung eingezeichnet.

Nach dem Zuschneiden erhältst du drei gleiche Teile. Zwei nähst du für den rückwärtigen Rockteil zusammen, die dritte Bahn bildet das Vorderteil. Säume sämtliche Kanten und ziehe durch den Hüftsaum ein Gummiband. Wenn dein Rock be-

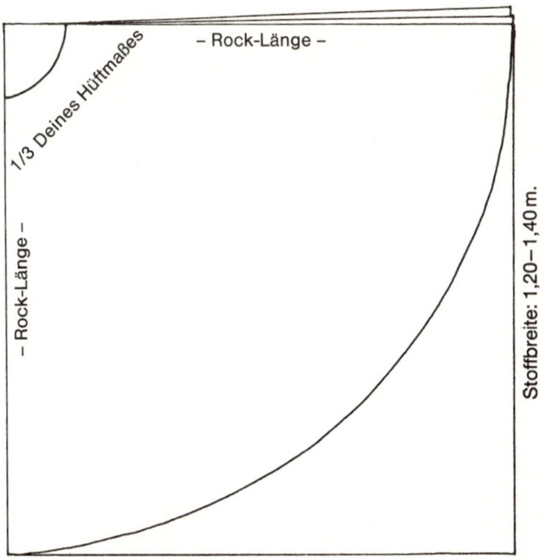

sonders dekorativ aussehen soll, so verziere seine Ränder mit einer farblich passenden Litze, vielleicht mit Gold- oder Silbereffekt. Stilecht ist es, wenn du beim Tanzen die Eckzipfel des hinteren Rockteiles vorn in den Gürtel steckst.

Wenn du einen noch glockigeren Rock nähen möchtest, so brauchst du die doppelte Menge Stoff: Falte ihn in 6 Lagen übereinander und schneide ihn nach dem gleichen Prinzip zu wie zuvor. Nähe 4 Bahnen für den rückwärtigen Rock zusammen und 2 Bahnen für das Vorderteil. Eine andere Möglichkeit ist es, statt 7,5 m Stoff 9 m zu kaufen, ihn dreifach übereinander zu legen, sodass jede Bahn eine Weite von 3 m hat.

Besonders raffiniert wirkt es, wenn du dir 2 verschiedenfarbige Röcke à 7,5 m nähst und diese übereinander trägst. Du kannst zum Tanzen auch eine Pluderhose anziehen und einen dünnen Chiffon-Rock darüber.

3. Der Bauchtanz-Gürtel

Kommen wir nun zur Herstellung des wohl typischsten Bauchtanz-Utensils, unseres Gürtels. Wie schon erwähnt, sollte er durch schimmernde Steine und glitzernde Pailletten nicht nur hübsch *anzusehen* sein, sondern das Rasseln der Ketten und Münzen auch zu *hören* sein.

Worauf kannst du nun all diese Ketten, Münzen und Perlen befestigen? Du kannst dir aus einer doppelten Lage Vlieseline nach dem folgenden Schnitt eine feste Unterlage nähen, diese dann mit gold- oder silberschimmerndem Stoff überziehen, fertige Paillettenbänder aufnähen und darauf dann alle weiteren Verzierungen anbringen.

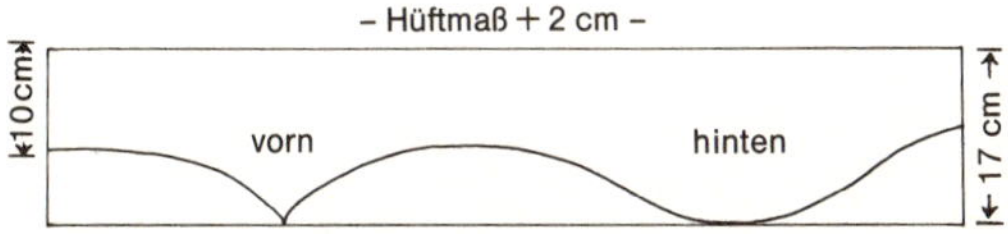

Vergiss die beiden kleinen Abnäher im hinteren Teil nicht; der Gürtel sitzt so besser. Kaufe als Verschluss kräftige Haken und Ösen. Wenn der Gürtel fertig genäht ist und du seine Passform überprüft hast, lass deine Phantasie Purzelbäume schlagen und verziere ihn nach Herzenslust mit Ketten, Broschen, Perlen,

Münzen und Glitzerborten. Krame in deiner alten Schmuck-Schatulle; da findest du mit Sicherheit einiges, wofür du seit Jahren keine Verwendung hattest! Benutze zum Aufnähen all dieser Dinge am besten ein Nylongarn. Es hält besonders gut und ist unsichtbar. Nicht vergessen: Bring am unteren Rand des Gürtels Fransen aus Garn oder Perlenschnüren an; sie sind beim Schimmy besonders wichtig.

Eine andere, *weniger zeitaufwendige* Möglichkeit, dir einen Gürtel anzufertigen, ist folgende: In allen großen Kaufhäusern kannst du 10–12 cm breites Gummigürtel-Band vom laufenden Meter kaufen. Kaufe davon eine deinem Hüftmaß entsprechende Menge, bringe seitlich einen Verschluss an und hinten zwei kleine Abnäher. Verziere ihn entsprechend. Der Gürtel hat einerseits den Vorteil, dass er elastisch ist und gut auf den Hüften sitzt, andererseits aber kannst du ihn nicht wie den Stoffgürtel vorn spitz zulaufend und hinten rund zuschneiden.

4. *Das Oberteil*

Kauf dir einen gut sitzenden BH und überziehe ihn mit dem gleichen gold- oder silberdurchwirkten Stoff wie deinen Gürtel. Befestige mit einem durchsichtigen Nylonfaden Litzen, Perlen, Pailletten und Strasssteine am BH. Nähe am unteren Rand einige Ketten übereinander oder verziere ihn mit gold- oder silberfarbigen Stoff-Fransen (in Gardinen-Geschäften zu bekommen).

Für alle, die sich nicht gleich zu einem BH-Oberteil entschließen wollen, gibt es eine andere hübsche *Variation:* Das *Blüschen-Oberteil.* Kauf dir dazu eine farblich zu deinem Rock oder deiner Pumphose passende langärmlige Bluse. Schneide die Ärmel, wie auf der Zeichnung zu sehen ist, entsprechend ab (vorn etwas mehr als hinten) und verziere sie mit Fransen. Kürze nun auch die Bluse bis unter den BH und säume sie um. Bringe ringsherum ein Zierband an, mit dem du vorn die Bluse schließt. Zusätzlich kannst du auch noch Fransen annähen und die Bluse so verzieren, dass sie ein westenähnliches Aussehen erhält.

Dazu kannst du dir einen passenden Rock mit einem Tuch anfertigen oder auch eine Pumphose mit einem Rock darüber (s. S. 247).

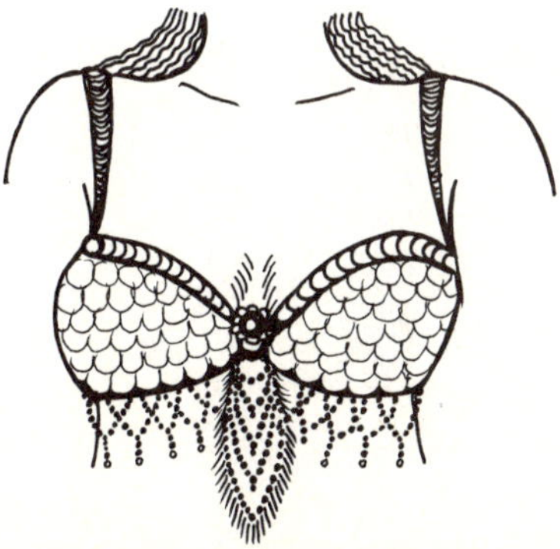

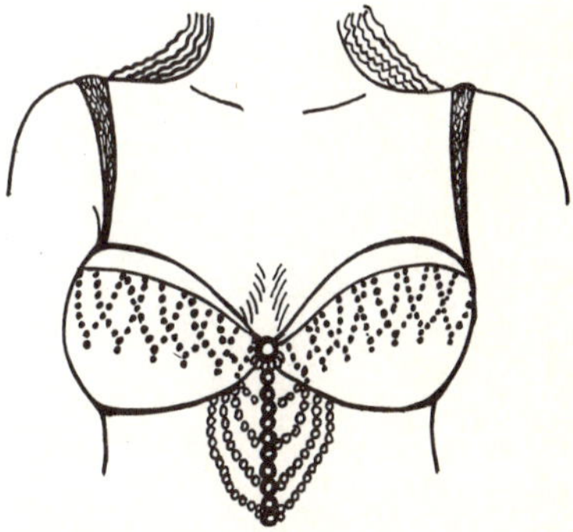

rechts: *Vorschlag für ein Blüschen-Oberteil*

unten rechts: *Vorschlag für ein Bauchtanz-Kostüm*

unten links: *Vorschlag für ein Bauchtanz-Unterteil – Pumphose samt Rock und Gürtel*

5. *Das Baladi-Kostüm*

Baladi» heißt übersetzt: volkstümlich. Und das ist es auch – ein volkstümliches Kostüm, das die Tänzerin meist bei ihrer Folklore-Einlage, beim Tanz mit Stock oder Leuchter, trägt. Kauf dir für dieses geschlitzte, knöchellange Gewand am besten schwarzes, mit Silber- oder Goldfäden durchwirktes Material – ca. 2,50 m bei einer Breite von 1,30–1,40 m. Es ist einfach zu nähen: Du brauchst nur 2 Teile zuzuschneiden. Einmal das Vor-

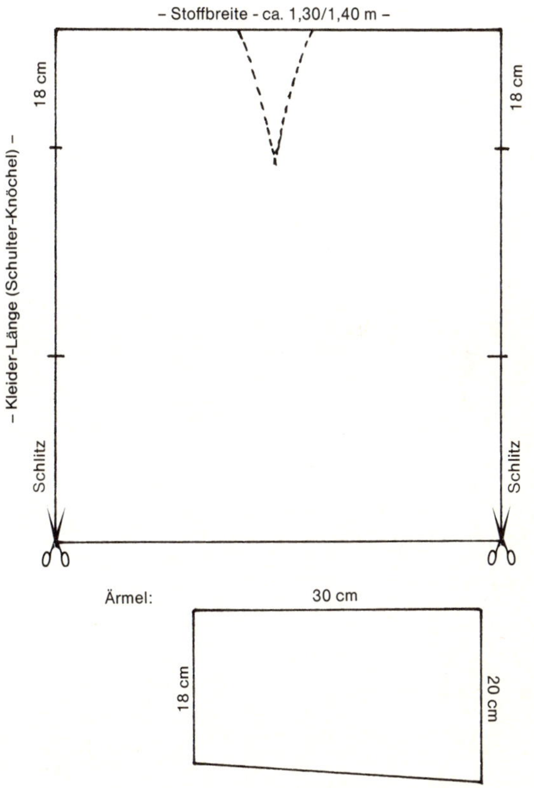

der- und Rücken-Teil des Kleides und zum anderen die weiten Ärmel. Vergiss nicht die Schlitze links und rechts, säume alle Teile und nähe sie zusammen. Verziere den Ausschnitt, die Ärmel und die Schlitze mit einer hübschen Borte. Du kannst dieses Kleid gerade fallend tragen oder auch mit Abnähern versehen, sodass es eng am Körper anliegt. In jedem Falle trägst du dazu einen Bauchtanz-Gürtel oder knotest ein Fransentuch um deine Hüften.

Stilecht ist es, zu diesem Kleid eine Kopfbedeckung zu tragen, entweder einen lang nach hinten herunterfallenden Schal oder ein Münz- oder Bommel-Tuch in Normalgröße.

Kulinarische Köstlichkeiten für einen Orientalischen Abend

Die starke sinnliche Wirkung des Bauchtanzes kann sich erst richtig entfalten, wenn du ihm für seine Vorführung den geeigneten Rahmen schaffst. Kneipenatmosphäre und Curry-Wurst sind nun mal nicht die richtigen Mittel, um einen Orientalischen Bauchtanz zu «zelebrieren».

Im Folgenden möchte ich dir einige Anregungen geben, wie ihr zu Hause oder auch in euren Unterrichtsräumen (z. B. nach Beendigung eines Kurses) zusammen mit Freundinnen und Freunden ein orientalisches Fest feiern könnt:

- Sorge für viele *Sitzkissen.* Wenn du nicht genug hast, lass die Gäste welche mitbringen, denn steifes Herumsitzen um einen Tisch ist der orientalischen Gemütlichkeit abträglich.
- Die Gäste sollten es sich auf dem Teppich bequem machen und sich um einen *niedrigen, runden orientalischen Tisch* gruppieren. Falls du keinen runden Tisch hast, stelle alle Speisen auf ein großes Brett in eure Mitte.
- Schon beim Eintreten sollten die Gäste spüren, dass sie damit gleichzeitig die Schwelle zu einer anderen Kultur, zu einer anderen Welt, überschreiten. Sorge deswegen für *Wohlgerüche* und *Düfte,* die ihre Nasennerven «kitzeln». Dazu kannst du entweder getrocknete Jasminblüten (im Gewürzhaus) kaufen und anzünden oder einfach Räucherstäbchen abbrennen.
- Stelle als *Begrüßungstrunk* eine Flasche Arrak (in der Türkei «Raki», in Griechenland «Ouzo» genannt) bereit, den du mit Eiswürfeln und Wasser verdünnt (1:4) als Aperitif servieren kannst. Während des Essens trinkt man in der arabischen Welt Wasser, nach Beendigung der Mahlzeit Kaffee oder Tee.

1. Vorspeisen und Salate

Die folgenden Rezepte sind für 6–8 Personen berechnet.

«Mintabbal» (Auberginen-Mus)

2 mittelgroße Auberginen
2 EL Olivenöl
2 EL Sesampaste (frage in türkischen Geschäften nach «Tahine»)
Saft einer Zitrone
1 Vollmilch-Joghurt
1 Knoblauchzehe, Salz

Zuerst müssen die Auberginen gegart werden. Dies kann auf zweierlei Weise geschehen. Entweder du schneidest sie in Scheiben und brätst sie unter Umwenden im Öl gar, oder du lässt sie ganz und legst sie auf die oberste Schiene im Backofen (bei ca. 200°), bis sie weich sind. In beiden Fällen nicht abschälen.

Anschließend mit der Gabel zerdrücken oder im Mixer pürieren (nicht zu fein). Nun den Joghurt dazugeben, das Salz und die zerdrückte Knoblauchzehe. Zuletzt die Sesampaste mit dem Zitronensaft verrühren und unterheben. Alles kräftig verrühren und auf eine flache Schale streichen. Hast du die Auberginen in Öl gebraten, so träufele nur noch ein *wenig* darüber; sind sie im Backofen gegart worden, so rühre noch *zusätzlich* 2 EL Öl darunter. Bestreue die fertige Platte «Mintabbal» mit scharfer Rosenpaprika, gehackter Petersilie und dekoriere sie mit Walnusshälften.

«Hommos» (Kichererbsenbrei)

Kaufe dafür entweder getrocknete Kichererbsen und gare sie im Dampftopf oder, falls es schneller gehen soll: Es gibt sie auch fertig gekocht in Dosen.

2 kleine oder 1 große Dose Kichererbsen
2 EL Sesampaste
2 EL Olivenöl
Saft einer Zitrone, Salz
1 Vollmilch-Joghurt
1 TL Cumin (oder Kamun)
1 Knoblauchzehe

Die Kichererbsen abgießen und im Mixer pürieren. Den Joghurt dazugeben. Sesampaste mit dem Zitronensaft verrühren und hinzufügen. Nun das Olivenöl, die zerdrückte Knoblauchzehe und den TL Cumin unterrühren. Das Cumin ist ganz wichtig. Es gibt dem «Hommos» den speziellen Geschmack. Du bekommst es entweder auch in türkischen Geschäften oder auch auf deutschen Gewürzbasaren.

«Ful-mudammas»

«Ful» ist ein berühmter nahöstlicher Bohnenkerne-Salat, mit dem du bei jedem Fest große Ehre einlegen kannst. Falls du kein warmes Gericht kochen möchtest, so bereite von diesem sehr sättigenden Salat etwas mehr zu, denn zusammen mit Weißbrot und Tee kann er durchaus eine vollständige Mahlzeit ersetzen.

1 Dose dicke, braune Bohnen-Kerne
(bei uns auch «Pferdebohnen» genannt)
1 Pfund Fleischtomaten (eher zu fest als zu weich)
1 Gewürzgurke
2 Bund großblättrige Petersilie
(wenn nicht zu bekommen, genügt auch die krause)
4 EL Olivenöl
Saft von 1–2 Zitronen, je nach Geschmack
1 Knoblauchzehe
1 Bund grüne Schalottenzwiebeln
Salz

Während du die festen Fleischtomaten und die Gewürzgurke in kleine, höchstens 1 cm große Würfel schneidest, die Petersilie fein zerkleinerst, Olivenöl, Zitronensaft und Salz hinzufügst, erhitzt du die Bohnen in einem Topf. Nicht kochen lassen. Anschließend das Wasser abgießen und die Bohnen in die Schüssel mit den vorbereiteten Zutaten schütten. Die Schalotten kannst du entweder in Ringe schneiden und dazumengen oder auch ganz lassen und sie sternförmig auf dem Salat dekorieren. Der Salat sollte lauwarm gegessen werden, du kannst ihn aber auch 1 Stunde durchziehen lassen; auch abgekühlt schmeckt er sehr gut.

Zu «Mintabbal», «Hommos» und «Ful» solltest du möglichst arabisches Fladenbrot servieren, das du in einschlägigen Geschäften vieler deutscher Großstädte bereits kaufen kannst.

Bei den Vorspeisen sollten auch einige Schälchen mit Schafskäse-Würfeln, Oliven und scharfen Pepperoni nicht fehlen.

Übrigens – achte beim Kauf von Olivenöl auf den Vermerk «Kalt geschlagen». Das kalt geschlagene Olivenöl hat ein kräftigeres Aroma und ist dem arabischen Öl sehr ähnlich.

2. Hauptgerichte

«Makluba» (syrische Art)

«Makluba» heißt übersetzt «umgedreht»; es wird vor dem Servieren wie ein Napfkuchen umgestürzt.

Ich könnte mir vorstellen, dass die «Makluba» deine Phantasie sicher beflügeln wird, denn die einzelnen Zutaten sind bis auf den Reis austauschbar.

Hier das Rezept meiner «Makluba», wie es sich – auch in der speziellen Gemüsezusammensetzung – im Laufe der Jahre als am schmackhaftesten erwiesen hat:

1 Pfund Patna-Reis
1 Poularde
1 Zwiebel
1 Zitrone
1 große Aubergine oder 2 kleinere
1 Blumenkohl
1 Paket Tiefkühlerbsen
2 Hühner-Brühe-Würfel
100 gr. Pinienkerne oder halbierte Mandeln
Salz, Pfeffer, Piment

Statt des Huhns kannst du auch Hammel- oder Rindfleisch nehmen und – wie gesagt – auch andere Gemüsesorten.

Die Poularde zusammen mit der geschnittenen Zwiebel, Salz, Pfeffer, Piment und dem Zitronensaft entweder im Römertopf oder in einer Kasserolle braten. In der Zwischenzeit den Reis mit 2 EL Butter und Salz aufsetzen. Die Auberginen in Scheiben schneiden und in der Pfanne beidseitig braun braten, anschließend salzen und warm stellen. Danach den Blumenkohl in Röschen teilen und ebenfalls in einer zugedeckten Pfanne in Öl garen, bis er weich ist. Die Erbsen nur kurz in Butter oder Margarine dünsten. Die gare Poularde entbeinen. Aus dem Bratensaft zusammen mit etwas Wasser und den 2 Hühnerbrühwürfeln einen würzigen Sud herstellen und warm halten.

Nun brauchst du eine große runde, angewärmte Keramik- oder Porzellanschüssel, in die alle fertigen Zutaten hineingeschichtet werden.

Zuerst die gebräunten Pinien- oder Mandelkerne auf dem Schüsselboden verteilen, darauf die Fleischstücke. Jetzt legst du das Schüsselrund mit allen drei Gemüsesorten aus, und obendrauf gibst du den Reis. Drücke mit flachen Händen den Reis kräftig nach unten, damit nirgends in der Schüssel ein Vakuum entsteht, sonst fällt später beim Umstürzen alles auseinander. Ganz zuletzt gießt du den Bratensud darüber, lässt ihn einsickern und drückst nochmals fest an.

Um das Gericht zu stürzen, brauchst du eine große runde Platte oder einen großen Teller, den du zum Umstülpen auf die Schüssel legst. Mit Schwung hochheben und stürzen. Der Anblick dieses köstlichen «Zauberbergs» wird dich und deine Gäste sicher entzücken.

Dazu wird meist eine Joghurtsauce serviert, die dem griechischen «Tzadziki» ähnlich ist. 1 Joghurt, 1/4 saure Sahne, 1/2 Pfund Sahnequark werden zusammengerührt. Füge Salz, den Saft einer Zitrone, 2 zerdrückte Knoblauchzehen und 1/2, in feine Würfel geschnittene, grüne Salatgurke hinzu. Mit grünen oder getrokkneten Pfefferminzblättern bestreuen.

«Couscous Royal»

«Couscous» ist das Nationalgericht des Maghreb. Es wird in Marokko, Algerien und Tunesien auf verschiedene Weise zubereitet. Hier ein scharfes Rezept aus Tunesien:

1 kg Couscous (eine Art Weizengries – überall in großen Kaufhäusern zu haben)
2 1/2 Dosen geschälte Tomaten
1 kl. Dose Harissa (scharfe Paste aus der roten Pfefferschote)
1 frischer Blumenkohl
4 Gemüsezwiebeln
4 grüne Paprikaschoten
500 gr. Möhren
4–6 mittelgroße Kartoffeln,
1 gr. oder 2 kl. Dosen Kichererbsen
Olivenöl
1 kg Hammelschulter oder auch Hühner- oder Rindfleisch – je nach Geschmack.

In Nordafrika wird der Couscous in einem speziellen Gefäß, in der Couscousiere, zubereitet, die aus einem hohen Aluminium-Topf mit einem passenden Aluminium-Sieb besteht. Im Topf werden das Fleisch und das Gemüse gekocht, während obendrauf im Sieb der Couscous gart. Ich persönlich finde das Fleisch schmackhafter, wenn es extra zubereitet wird, sein Eigengeschmack bleibt so besser erhalten.

In einem großen Topf mit den Dosentomaten eine Tomatensauce bereiten, die du mit Olivenöl, Salz, 1 Prise Zucker und 1 Zehe Knoblauch abschmeckst. Gib je nach Geschmack entweder 1/2 Dose oder die ganze Dose Harissa hinein. Das gibt die Schärfe. Das gewaschene Gemüse nun nacheinander oder zusammen (je nach Größe des Topfes) *ganz* in die Soße geben und garen. Die Kichererbsen können währenddessen mitköcheln.

Den vorher mit Wasser gut durchfeuchteten Couscous in einem Metallsieb auf den Topf setzen und im Dampfbad der Tomatensauce weich dämpfen lassen. Zwischendurch mit einer Gabel umwenden, damit er nicht zusammenklumpt. Das Fleisch kannst du, wie schon erwähnt, entweder in der Soße mitkochen oder getrennt braten.

Ist alles gegart, benötigst du eine große angewärmte Platte oder Schüssel. Zuerst füllst du den Couscous auf. Darauf verteilst du die einzelnen Gemüse und dekorierst in einer Vertiefung die Fleischstücke. Zuletzt gießt du einen Teil der Soße mit den Kichererbsen darüber. Der Couscous braucht viel Flüssigkeit, stelle deshalb noch extra Schüsselchen mit Soße auf den Tisch.

Makluba und Couscous eignen sich ganz besonders für ein Essen mit vielen Leuten. Du stellst die große, schön dekorierte Schüssel in die Mitte des Tisches, in die alle Gäste mit ihren Löffeln kräftig hineinlangen können. Willst du das deinen Gästen nicht zumuten, kannst du natürlich auch für jeden einen eigenen Teller bereitstellen.

3. Süßspeise und Mokka

«Baklaua»

Die Baklaua ist im ganzen Nahen Osten bis hin nach Griechenland verbreitet. Je nach den vorhandenen, landesüblichen Zutaten wird sie unterschiedlich zubereitet, in Syrien z.B. mit Pistazien, in Ägypten mit Haselnüssen und in der Türkei und Griechenland mit Walnüssen.

Hier ein Rezept mit Walnüssen, die du, wie gesagt, auch durch andere Nüsse ersetzen kannst.

1 Paket Strudelteig (frage in türkischen oder griechischen Läden nach «Filo»-Teigblättern)
oder ersatzweise
2 Pakete Blätterteig
150 gr. zerlassene Butter
150–200 gr. gehackte Walnüsse
200 gr. Zucker
Saft einer Zitrone
1/2 l Wasser, 1 Likörgläschen Rosenwasser

Eine viereckige Form fetten und das erste aufgetaute Teigblatt hineinlegen. Mit Butter bepinseln und mit Walnüssen bestreuen. Darüber kommt das nächste Teigviereck, das du wieder mit Butter bepinselst und mit Nüssen bestreust usw., bis du 6–8 Schichten hast. Die oberste Teigplatte ebenfalls mit Butter bestreichen und mit einem Messer diagonal einritzen. Bei 175°C im Ofen ca. 60 Minuten backen. Bereite in dieser Zeit einen Sirup zu, indem du das Wasser mit dem Zucker und dem Zitronensaft aufkochst, und gieße ihn nach dem Abkühlen über die Baklaua.

Lass die Baklaua einige Stunden ziehen und beträufele sie vor dem Servieren mit Rosenwasser. Dazu passt hervorragend ein

«arabischer Mokka», der genau wie der türkische in einer Stiel-Kasserolle direkt auf dem Herd zubereitet wird:

Pro Person 1 gehäufter TL Kaffee, (dafür am besten fein gemahlenen, italienischen Espresso kaufen, der dunkler gebrannt ist als unser Kaffee), 1 Mokkatässchen Wasser pro 1 TL Kaffee,

1/4 TL gemahlener Kardamom (in Gewürzhäusern), Zucker – je nach Geschmack; normalerweise 1 TL Zucker pro 1 TL Kaffee,

Setze das nötige Wasser zusammen mit dem Zucker auf. Nimm den Topf kurz vor dem Aufkochen von der Platte, und rühre den abgemessenen Kaffee zusammen mit dem Kardamom hinein. Bring das Ganze wieder bei niedriger Hitze zum Kochen. Unter ständigem Rühren so lange weiterkochen, bis kein Schaum mehr auf dem Kaffee schwimmt.

In Mokkatässchen füllen und mit Baklaua-Stückchen servieren.

Falls du Tee vorziehst, koche die abgemessene Menge Tee auf (nicht nur ziehen lassen), seihe ihn durch und gib je nach Geschmack Zucker und gemahlenen Kardamom hinzu. In kleinen Gläschen servieren.

Viel Spaß und Guten Appetit!

Anhang

Adressen

Da sich mittlerweile in fast jeder deutschen Stadt zahlreiche Schulen und Studios für Orientalischen Tanz etabliert haben, würde es den Rahmen dieses Anhangs sprengen, auch nur eine einigermaßen repräsentative Auswahl von Adressen an dieser Stelle unterzubringen.

Empfohlen seien daher stattdessen die drei bundesweit erscheinenden und im gut sortierten Zeitschriftenhandel erhältlichen Fachmagazine für Orientalischen Tanz, *Halima, Orient-Magazin* und *Tanz Oriental.* Dort finden sich ausführliche Adressenteile und aktuelle Veranstaltungskalender.

Musik- und Videokassetten

Dietlinde Karkutli hat mehrere Übungskassetten für Orientalischen Tanz zusammengestellt und auch Aufnahmen des Orchesters Suheir Zaki sowie des ägyptischen Komponisten Mustafa Hamidou veröffentlicht (MC & CD).

Diese und weitere Musiktitel sind zu beziehen über:
Studio Arabeska Momo Kadous
Walter-Leiske-Str. 10
60320 Frankfurt/M.
(Tel./Fax: 069/732323)

Ebenfalls über das Studio Arabeska sind Videokassetten der Orientalischen Tanzfestivals mit Aufnahmen der berühmten Tänzerinnen Nagua Fuad, Suheir Zaki, Dina Amani, Mona Said und Aida Nur sowie des von Dietlinde Karkutli gegründeten Tanztheaters Arabeska erhältlich.

Ein ausführlicher Katalog kann portofrei über die angegebene Telefonnummer bestellt werden.

Anmerkungen

1 H. Lhote 1978, S. 75
2 M. Huet 1979, S. 8
3 R. Gardi & J. Neukom-Tschudi 1977, Taf. 16
4 H. Biedermann 1977, S. 164
5 J. Salimpour 1980 b
6 C. Sachs 1933, S. 2
7 1908, S. 440; vgl. auch 1910, S. 514
8 1942, S. 362 ff.; vgl. auch 1948, S. 56 sowie P. Schebesta 1941/48, S. 256 f., S. 346 f.
9 westlich des Mobutu Sese-Seko-Sees, vormals Albert-See, Nordost-Zaire
10 1932, S. 378
11 M. Huet 1979, Abb. 202 … 206, bes. 204
12 M. Huet 1979, Abb. 180 … 183, bes. 183!
13 1899, S. 72
14 H. Günther & H. Schäfer 1975, S. 47
15 R. Italiaander 1979, S. 83
16 1957, S. 63 ff.
17 1959, S. 12
18 1938, S. 81
19 E. A. W. Budge 1960
20 E. Brunner-Traut 1938, S. 81
21 1961, S. 66; vgl. auch 1956, S. 19
22 H. Hickmann 1961, S. 56
23 1933, S. 158
24 1928, S. 2
25 1, 15
26 Satire 11, 162 ff.
27 Satire 6, 320 ff.
28 nach M. Berger 1961, S. 7 f.
29 1977, S. 342; 1976, S. 14 f.
30 Chronik des Matthaeus von Paris für das Jahr 1241
31 1932 S. 128
32 1871, Kap. 19
33 E. Lane 1871, Kap. 19
34 1862, S. 259 f.
35 1980, S. 100 ff. + 157
36 sondern die Folgen dieser Begegnung, die Folgen der «großen Galanterie»; vgl. hierzu A. Y. Naaman 1965, S. LXXIV ff., sowie Auriant 1943
37 G. Rasch 1866, S. 109
38 Algier wie es ist 1835, S. 53
39 L. Constant 1844, S. 141 f.
40 1863 I, S. 60
41 H. v. Maltzan 1863 III, S. 115 f.
42 I. Prior 1980, S. 13 f.
43 I. Prior 1980, S. 14
44 1893, S. 749
45 S. & A. Wilson 1974, S. 34
46 H. Zache 1899, S. 72

Literaturverzeichnis

Algier wie es ist (1835) (= Reisen- u. Länderbeschreibungen der älteren und neuesten Zeit etc. – hrsg. v. Ed. Widenmann & W. Hauff), 66 S., Stuttgart/Tübingen (Cotta).

Ahrem, Maximilian (1914): Das Weib in der antiken Kunst. – 320 S., Jena (Diederichs).

Auriant (1943): Koutchouk-Hanem, l'almée de Flaubert. – 157 S., Paris (Mercure de France).

Berger, Morroe (1961): The Arab Danse du Ventre. – in: Dance Perspectives 10, S. 4–41, 47–49 New York.

Biedermann, Hans (1977): Bildsymbole der Vorzeit – Wege zur Sinndeutung der schriftlosen Kulturen. – 222 S., Graz (Verlag für Sammler).

Boehn, Max von (1925): Der Tanz. – 268 S., Berlin (Bücherfreunde – Wegweiser)

Brunner-Traut, Emma (1938): Der Tanz im alten Ägypten nach bildlichen und inschriftlichen Zeugnissen. – Ägyptol. Forsch. 6, 91 S., Glückstadt/Hamburg/New York.

Budge, E.A. Wallis (1960): An Egyptian Hieroglyphic Dictionary. – 2 Bde., 1356 S., New York (Ungar).

Constant, L. (1844): Bilder und Skizzen aus Algier, nebst Bemerkungen über dessen sittlichen und Colonisations-Zustand. – 275 S., Berlin (Nicola)

Czerwinski, Albert (1975): Geschichte der Tanzkunst bei den kultivierten Völkern von den Anfängen bis auf die gegenwärtige Zeit. – 298 S., Nachdruck d. Ausgabe v. 1862, Leipzig (Zentralantiquariat DDR).

Dahlena & Meilach, Dona Z. (1978): The Art of Belly Dancing. – 7. A., 213 S., New York (Bantam).

Davies, Norman de Garis (1926): The Egyptian Expedition, 1925/1927. – Bull. Metropolitan Museum Art, New York.

Flaubert, Gustave (1964): Briefe. – übers. v. H. Scheffel, 807 S., Stuttgart (Gouverts).

Flaubert, Gustave (1980): Reisetagebuch aus Ägypten. – übers. v. E.W. Fischer, 232 S., Frankfurt/M. (Societätsverlag).

Gardi, René & Neukom-Tschudi, J. (1977): Felsbilder der Sahara im Tassilin'Ajjer. – 19 Taf. + Erl., Bern/Stuttgart (Hallwag) (= Orbis Pictus 52).

Gronau, Rudolf (1893): Weltausstellungsbriefe aus Chicago. VI. Der Frauenpalast und die Völkerstraße der Midway Plaisance. – Die Gartenlaube – Illustriertes Familienblatt, S. 748–751, Leipzig.
Günther, Dorothee (1962): Der Tanz als Bewegungsphänomen – Wesen und Werden. 230 S., Reinbek (Rowohlt).
Günther, Helmut & Schäfer, Helmut (1975): Vom Schamanentanz zur Rumba – Die Geschichte des Gesellschaftstanzes. – 320 S., Stuttgart (Ifland).
Gusinde, Martin (1942): Die Kongo-Pygmäen in Geschichte und Gegenwart. – Nova Acta Leopoldina N.F. 11, 76, S. 149–415, Taf. 1–14, Halle/Saale.
Gusinde, Martin (1948): Urwaldmenschen am Ituri – Anthropobiologische Forschungsergebnisse bei Pygmäen und Negern im östlichen Belgisch-Kongo aus den Jahren 1934/35.- 420 S., 1 Kte., Wien (Springer).
Hickmann, Hans (1956): Siècles de musique dans l'Egypte ancienne à trave la sculpture, la peinture, l'instrument. – 26 S., 112 Taf., Paris (Richard-Masse)
Hickmann, Hans (1961): Ägypten. – in: Besseler, H. & Schneider, M. (Hrsg.): Musikgeschichte in Bildern, II, 1, Leipzig (Deutscher Verlag Musik).
Hickmann, Hans (1970): Die Musik des arabisch-islamischen Bereichs. – Hdb. Orientalistik, 1. Abt. Erg. Bd. IV, S. 1–134, Leiden (Brill).
Huet, Michel (1979): Afrikanische Tänze. – 261 S., Köln (DuMont).
Hunke, Sigrid (1976): Kamele auf dem Kaisermantel – Deutsch-arabische Begegnungen seit Karl dem Großen. -192 S., 28 Abb., Stuttgart (DA).
Hunke, Sigrid (1977): Allahs Sonne über dem Abendland – Unser arabisches Erbe. – 376 S., 12 Taf., Stuttgart (DVA).
Italiaander, Rolf (1979): Afrika hat viele Gesichter – Ein humanistisches Lesebuch. – 286 S., Düsseldorf (Droste).
Jargy, Simon (1971): La musique arabe. – 128 S., Paris (P.U.F.).
Juvenalis, Decimus Junius (1951): Satiren. – Übers. v. U. Knoche, 170 S., München (Hueber).
Kinney, Troy & Margaret West (1936): The Dance – its Place in Art and Life. 372 S., New York (Tudor).
Kobelt, W. (1885): Reiseerinnerungen aus Algerien und Tunis. – 480 S., 13 Taf., Frankfurt/M. (Diesterweg).

Lane, Edward William (1871): An Account of the Manners and Customs of the Modern Egyptians, written in Egypt during the Years 1833, -34, and -35. - Teil 2, 5. A., London (Murray).

Leeuw, G. van der (1931): Der Tempel des Leibes. I. In dem Himmel ist ein Tanz - Über die religiöse Bedeutung des Tanzes und des Festzuges. - 64 S., 25 Abb., München (Dorn).

Lhote, Henri (1978): Die Felsbilder der Sahara. - in: Sahara, Ausst.-Katalog, S. 70–80, Köln.

Lilliehöök, John (1863): Zwei Jahre unter den Zuaven. - übers. v. H. Helms, 264 S., 9 Taf., Leipzig (Gerhard).

Maltzan, Heinrich Freiherr von (1863): Drei Jahre im Nordwesten von Afrika - Reisen in Algerien und Marokko. - 4 Bde., 285, 314, 314, 304 S., Leipzig (Dürr).

Marfurt, Luitfrid (1957): Musik in Afrika. - 110 S., 23 Abb., München (Nymphenburger).

Matthaeus von Paris (1883): Chronik des - in: Monumenta Germaniae Historica etc. - Scriptorum. - 28, Hannover (Hahn).

Meerloo, Joost A.M. (1959): Rhythmus und Ekstase - Vom primitiven Tanz zum Rock'n'Roll und modernen Ballett. - 134 S., Wien/Hannover/Basel (Forum).

Mishkin, Julie Russo & Schill, Marta (1973): The Compleat Belly Dancer. - 16 S., New York (Doubleday).

Montagu, Lady Mary Pierrepont Wortley (1932): Reisebriefe von 1716/1718 - übers. v. H.H. Blumenthal, Wien (Krystall).

Naaman, Antoine Youssef (1965): Les lettres d'Egypte de Gustave Flaubert d'après les manuscrits autographés. - 480 S., Paris (Nizet).

Perkuhn, Eva Maria (1976): Theorien zum arabischen Einfluss auf die europäische Musik des Mittelalters. - Beitr. Sprach-/Kulturgesch. Orients 26, 264 S., 19 Abb., Walldorf/Hessen.

Prior, Inge (1980): Bauchtanz. - Warum! - Z. Psychologie Alltag 1980, 11, S. 10–14, Hamburg.

Rasch, Gustav (1866): Nach den Oasen von Siban in der großen Wüste Sahara - ein Reisebuch durch Algerien. - 398 S., Berlin (Vogel).

Ribera, Julian (1970): Music in Ancient Arabia and Spain - Being la Musica de las Cantigas - Neudruck der Aufl. v. 1929, 238 S., N.Y. (Da Capo).

Roberts, David (1856): The Holy Land - Syria, Idumea, Arabia, Egypt & Nubia. - 3 Bde., 250 Taf., London (Day & Son).
Sachs, Curt (1933): Eine Weltgeschichte des Tanzes. - 325 S., 32 Taf., Nachdruck 1976: Hildesheim/New York (Olms).
Salimpour, Jamila (1980 a): Middle Eastern Entertainers at the Chicago World Fair 1893. - 39 Taf. m. Erläuterungen, Berkeley (Selbstverlag).
Salimpour, Jamila (1980 b): Belly Dancing from Cave to Cult to Cabaret. - Berkeley (Selbstverlag).
Schebesta, Paul (1941/48): Die Bambuti-Pygmäen vom Ituri. I. Geschichte, Geographie, Umwelt, Demographie und Anthropologie. II. Ethnographie: Wirtschaft, Soziales Leben, Religion. - 438, 551, 253 S., 32, 37, 4 Taf., 1 Kte., Brüssel (Libr. Encyclop.).
Touma, Habib Hassan (1975): Die Musik der Araber. - 190 S., 38 Abb., Wilhelmshaven (Heinrichshofen) (= Taschenbücher z. Musikwiss. 37).
Wilson, Serena & Alan (1974): The Serena Technique of Belly Dancing - The Fun Way to Keep Fit, Feel Relaxed, and Expand your Creativitiy. - 256 S., New York (Pocket Book 80348).
Wundt, Wilhelm (1908): Völkerpsychologie - Eine Untersuchung der Entwicklungsgesetze von Sprache, Mythos und Sitte. III. Die Kunst. - 2. A., 564 S., Leipzig (Engelmann).
Wundt, Wilhelm (1910): wie vor: IV. Mythos und Religion. - 2. A., 587 S., Leipzig (Engelmann).
Zache, Hans (1899): Sitten und Gebräuche der Suaheli - ausgewählte Capitel aus einer späteren umfangreichen Darstellung. - Z. Ethnologie 31, S. 61-86, Berlin.